Gerd-Helge Vogel

„Der stillen Naturfreude"

Otto Carl Friedrich Fürst
von Schönburg-Waldenburg
und der Grünfelder Park
in Waldenburg

DONATUS

Gerd-Helge Vogel (geb. 1951) war bis zu seiner Emeritierung Dozent für Kunstgeschichte an der Züricher Hochschule der Künste und an der Ernst-Moritz-Arndt-Universität Greifswald. Seine Forschungsschwerpunkte liegen auf dem Gebiet der Kunst der Aufklärungsepoche und des Klassizismus, der Gartenkunst, der wissenschaflichen Illustration und der Regionalkunst in Sachsen, Pommern und Estland.

Bibliografische Information der Deutschen Nationalbibliothek:
Die Deutsche Nationalbibliothek verzeichnet diese Publikation in der Deutschen Nationalbibliografie; detaillierte bibliografische Daten sind im Internet über www.dnb.de abrufbar.

Impressum

© 2022 Donatus-Verlag

Umschlag:	spitzenton.design
Titelbild:	Ch. L. Vogel: Otto Carl Friedrich von Schönburg-Waldenburg im Werther-Kostüm, um 1790/95, Pastell, ehemals Schloss Lichtenstein, verschollen; Hintergrund: Johann Gottlob Samuel Stamm nach Johann Christian Klengel: Das Garten- und Badehaus im Park Grünfeld, um 1795, kolorierter Stich
Verlag:	Donatus-Verlag, Niederjahna
Herstellung:	Books on demand, BOD Norderstedt
ISBN:	978-3-946710-47-9

Inhaltsverzeichnis

Anton Graff: Otto Carl Friedrich Fürst von Schönburg-Waldenburg, um 1785/90, Öl/Lw., 00 x 00, ehem. Bes.: Alexander Fürst von Schönburg, Schloss Hartenstein/Erzg., am 20. April 1945 bei der Bombardierung des Schlosses Hartenstein zerstört.

Otto Carl Friedrich Fürst von Schönburg-Waldenburg – ein aufgeklärter Fürst im Zwickauer Muldenland[1]

„Der stillen Naturfreunde" – dieses aus dem Zeitalter der Empfindsamkeit erwachsene Motto ließ Otto Carl Friedrich Fürst von Schönburg-Waldenburg (1758–1800) in römischen Kapitalen als Leitmotiv seines Weltverständnisses am Eingangstor seiner bedeutendsten künstlerischen Schöpfung, dem Grünfelder Park bei Waldenburg, anbringen, um Besucher zum kontemplativen Naturgenuss in dieses in einem Seitental der Zwickauer Mulde künstlerisch angelegte Elysium einzuladen, bei dem er dem Vorbild der Anlagen von Wörlitz folgte (siehe Abb. 1).[2] Damit schuf der wohl bedeutendste Spross des alten sächsischen Adelsgeschlechts derer von Schönburg, dessen Waldenburger Zweig mit ihm am 9. Oktober 1790 in den Reichfürstenstand erhoben wurde, ein Gartenkunstwerk ersten Ranges, in dem die humanistische Gesinnung des Bauherrn als typischem Vertreter des Zeitalters der Empfindsamkeit und des aufgeklärten Absolutismus einen kongenialen Ausdruck fand, der sich noch heute nahezu ungebrochen beim Besuch dieses englischen Parks wahrnehmen lässt.

Abb. 1: „Der stillen Naturfreude". Eingangstor in den Grünfelder Park.

---

1 Das Kapitel stellt eine geringfügige Überarbeitung des Textes aus VOGEL 2013 dar.
2 Vgl. VOGEL 1987, S. 225–235.

Abb. 2: Unbekannter Künstler: Bildnis Albert Graf Friedrich von Schönburg-Stein.

Abb. 3: Unbekannter Künstler: Bildnis Georg Friedrich Ayrer, ca. 1770er Jahre, Öl/Lw.

Als Sohn des Albert Graf Friedrich von Schönburg-Stein (1710–1765) (Abb. 2) und der Friederike Caroline Henriette, geb. von der Marwitz (1720–1763), verlor er noch im Knabenalter seine Eltern, so dass er als Waise in die Obhut des Grafen Heinrich XXIII. Reuß zu Schleiz-Köstritz (1722–1787) und dessen Gemahlin Ernestine, geb. Gräfin von Schönburg-Wechselburg (1736–1768), gegeben und am Hof in Köstritz erzogen wurde.[3] Dieser kleine Hof war als ein Zentrum des Pietismus in Thüringen berühmt und galt damals wegen seiner humanistischen, frommen und bescheidenen Lebensführung bei gleichzeitiger Förderung der Künste als ein Vorbild für eine aufgeklärte Herrschaft. Otto Carl Friedrich erhielt hier zusammen mit der einzigen Tochter des Grafen, Henriette Eleonore Elisabeth (1755–1829), seiner späteren Gemahlin, seine umfassende Erziehung und entscheidende geistige Prägung. Seit seinem 14. Lebensjahr stand er unter der Betreuung seines hoch gebildeten Hofmeisters Georg Friedrich Ayrer (1744–1804) (Abb. 3), der *„in ihm den Grund zu einer tieferen Bildung in den Sprachen und Wissenschaften weckte aber auch die Neigung zu den bildenden Künsten und der Musik, die späterhin im Leben des Grafen […] eine so bedeutende Rolle spielten“*.[4] Ayrer sensibilisierte seinen Zögling für die Ideale der Aufklärung und begleitete ihn von April 1774 bis April 1777 zum Studium an die Universität Leipzig, wo er vor allem mit dem Professor für Philosophie und Moral, Chris-

---

3   Vgl. SCHMIDT 1931, S. 1-32.
4   SCHMIDT 1931, S. 6.

Abb. 4: Anton Graff: Bildnis Christian August Clodius, 1769, Öl/Lw.

Abb. 5: Alexander Speisegger: Bildnis Johan Caspar Lavater, 1785, Öl/Lw.

tian August Clodius (1737–1784) (Abb. 4) sowie *„den Vornehmsten der Stadt und einigen Professoren"*[5] in dieser deutschen Hochburg der Aufklärung bekannt gemacht wurde. Noch vor Antritt der großen Kavalierstour besuchte Otto Carl Friedrich im Sommer 1777 gemeinsam mit seinem Mentor die Fürstenhöfe zu Gotha, Braunschweig, Hannover, Dessau und Weimar. Auf dieser Reise zeigte er sich besonders vom humanistischen Geist beeindruckt, der am Hofe unter Carl August Herzog von Sachsen-Weimar-Eisenach (1757–1828) herrschte, sowie von der reformfreudigen Regierung des Fürsten Leopold III. Friedrich Franz von Anhalt-Dessau (1740–1817). Beide Fürsten galten ihm für die eigene spätere Regierung als Vorbild. Anhand des erhalten gebliebenen Reise-Journals[6] lässt sich die Kavalierstour Otto Carl Friedrichs gut nachverfolgen, die der *„allgemeinen Bildung und Weltkenntnis"*[7] des jungen Grafen diente. Mit all den Erlebnissen, die er mit bedeutenden Persönlichkeiten der Zeit – darunter mit Johann Caspar Lavater (1741–1801) (Abb. 5) in Zürich – hatte und beeindruckt von den zahlreichen Sehenswürdigkeiten, die er unterwegs besuchte, hinterließ die Reise auf ihn nachhaltige Eindrücke. Dabei war die Begegnung mit der Bergwelt der Schweizer Alpen und mit den Ergebnissen der aus England auf den europäischen Kontinent hereinbrechen-

---

5   Georg Friedrich Ayrer an den Vormund seines Schützlings, den Grafen Friedrich Albrecht von Schönburg-Hartenstein, Leipzig, d. 14. Mai 1774, zitiert nach SCHMIDT 1931, S. 200.
6   Vgl. SCHMIDT 1931, S. 12-32.
7   SCHMIDT 1931, S. 13.

Abb. 7: Carl Christian Vogel (von Vogelstein): Porträt des Architekten Christian Friedrich Schuricht, 1813, Graphit auf Papier.

den ‚Grünen Revolution', die sich in vielen der besuchten Gärten vollzog, für Otto Carl Friedrich besonders bedeutungsvoll, denn sie erweckte in ihm ein neues Naturgefühl, das ihn zur *„stillen Naturfreude"* – zur empfindsam wahrgenommenen Schönheit der natürlichen wie der von Menschenhand gestalteten Landschaft – führte. Nach seinem Regierungsantritt, der am 2. Februar 1779 zunächst in der ererbten Herrschaft Stein sowie der Hälfte der Herrschaften Waldenburg und Lichtenstein erfolgte, legte Otto Carl Friedrich *„ein Schwergewicht seiner Geschäfte auf die Konsolidierung der Finanzen und den physiokratischen Ausbau seines Herrschaftsbereichs, denn auf*

Abb. 6: Unbekannter Künstler: Bildnis Prof. Daniel Gottfried Schreber

Verbesserung der landwirtschaftlichen und industriellen Produktion, der Hebung des Verkehrswesens durch Neuanlage von Brücken und Chausseen nach französischem Vorbild war er stets bedacht".[8] Dabei kamen ihm seine Erfahrungen vom Studium der Ökonomie bei Prof. Daniel Gottfried Schreber (1708–1777; Abb. 6) in Leipzig gewiss zugute. Angeregt von den neuen Landschaftsgärten, die er auf seiner Kavalierstour durch Deutschland, die Schweiz, Frankreich und England machte, sah er sich seit 1780 veranlasst, in seiner Residenzstadt Waldenburg, im Tal des Oberwinkeler Bachs, eine vergleichbare englische Gartenanlage als *ornamental farm* zu schaffen, wo er nach damaligem Sprachgebrauch das Schöne mit dem Nützlichen verbinden konnte.

Kurz vor Beginn der Bauarbeiten, die höchstwahrscheinlich im engen Zusammenwirken mit dem Dresdner Architekten Christian Friedrich Schuricht (1753–1832; Abb. 7) erfolgten, dem er seit dem 6. Oktober 1779 auch als Bruder des Freimaurerbundes verbunden war, gründete er am 8. Dezember desselben Jahres mit der Vermählung der Tochter seines Ziehvaters und der Spielgefährtin aus seiner Kinderzeit eine eigene Familie (siehe Abb. 8). Pflichtbewusst und in Überzeugung seiner humanen Gesinnung, zum Wohle der ihm anvertrauten Untertanen gewissenhaft handeln zu müssen, führte er in seinem Herrschaftsbereich, der sich 1786 durch die weitere Erbschaft mit der Hinterlassenschaft seines Vormundes

---

8   VOGEL 1996, S. 30.

Abb. 9: Vermutl. J. G. W. Viertelshausen: Porträt Friedrich Albert Graf von Schönburg-
Hartenstein, ca. 1760, Ol/Lw.

und Onkels Friedrich Albert Graf von Schönburg (1713–1786; Abb. 9) um die Herrschaften Hartenstein sowie dessen Anteilen an den Herrschaften Lichtenstein und Waldenburg vermehrte, so dass Otto Carl Friedrich als einziger Stammhalter der Oberen Linie des Hauses Schönburg deren gesamten Besitz in seiner Hand vereinte[9] und 1797 durch den Zukauf der Herrschaft Remse von der Unteren Linie noch weiter abzurunden vermochte. Landwirtschaft und Handwerk wurden in all diesen Territorien von

Abb. 8: Christian Leberecht Vogel: Bildnis der Fürstin Henriette von Schönburg-Waldenburg, geb. Gräfin von Reuß-Köstritz, nach 1813, Pastell

ihm durch Ausbau der ökonomischen Infrastruktur, durch Einführung der ertragreichen Merinoschafzucht, durch Kattundruckereien und andere Manufakturen der Textilbranche mit dem Ziel gefördert, der Verbesserung der Lebensumstände im Lande zu dienen. Dazu gehörte die systematische Ersetzung der Frondienste durch eine Geldabgabe seit 1790 ebenso wie das Bemühen um Hebung des Bildungsniveaus der Landesbevölkerung etwa durch die Herausgabe der ersten schönburgischen Zeitung, die seit dem 4. Januar 1800 als „Wöchentliche Schönburgische Anzeigen" zur Verbreitung gemeinnütziger Kenntnisse in der Buchdruckerei Witzsch in Glauchau erschien.[10]

Es war ihm leider nicht vergönnt, dieses bedeutsame Instrument der Volksaufklärung auszugestalten, denn nur wenige Wochen nach dem Erscheinen der ersten Ausgabe erlag der umtriebige Fürst, der, außer einem früh verstorbenen Knaben, acht ihn überlebende Nachkommen hinterließ, einem Herzinfarkt.

---

9   Vgl. WETZEL 2004A, S. 133-139.
10   Vgl. WETZEL 2004B.

Abb. 10: Anton Graff: Selbstbildnis, 1794/95, Öl/Lw.

Otto Carl Friedrich als Mäzen der Künste[11]

Verdienstvoll ist auch Otto Carl Friedrichs Wirken zur Förderung der Künste: Nicht nur, dass er sich selbst als Gartenarchitekt in seinem Park ‚Greenfield' und als Musiker in der von ihm begründeten Hauskapelle betätigte[12], sondern auch als bedeutsamer Auftraggeber, Baumeister und Mäzen in Erscheinung trat. So geht der klassizistische Ausbau der Schlösser Waldenburg und Lichtenstein auf seine Rechnung ebenso wie die Beauftragung der Maler Anton Graff (1736–1813)[13], Johann Christian Klengel (1751–1824)[14] und Christian Leberecht Vogel (1759–1816)[15], die zur Fertigung von Porträts vom Fürsten, von seinen Familienangehörigen oder von den schönsten Partien in seinem Landschaftspark berufen wurden.

Anton Graff

Das im Zweiten Weltkrieg zerstörte Bildnis des feinsinnigen Kunstfreundes Otto Carl Friedrich von Schönburg (vgl. Frontispiz)[16], das Anton Graff (siehe Abb. 10) wohl zur Zeit von dessen Erhebung in den Reichsfürstenstand in seinem Dresdner Atelier schuf, zeigt den damals in seinem dritten Lebensjahrzehnt befindlichen jungen Fürsten als einen empfindsamen Edelmann, über den sein Lehrer, Professor Christian August Clodius, bemerkte: *„Der edle und offenherzige Charakter des Herrn Grafen von Schönburg, [...] läßt mich mit Wahrscheinlichkeit hoffen, daß er seinen Verstand und sein Herz vollkommen zu bilden [...] erfüllen wird."* [17]
Genau diese Grundzüge trifft Graff in überzeugender Weise im Bruststück des jungen Grafen, der in seinem schlichten, samtenen Rock und mit dem nachdenklichen, nach rechts gewandten Blick, deutlich dessen humanistischen und schöngeistigen Intellekt erkennen lässt.

Christian Leberecht Vogel

Christian Leberecht Vogel (Abb. 11), seit 1780 als Hofmaler in Diensten des Friedrich Magnus I. Graf von Solms-Wildenfels (1743–1801) stehend, besaß die Freiheit, auch Aufträge der benachbarten Standesherrschaften des Zwickauer Muldenlandes und Ostthüringens anzu-

---

11 Vgl. VOGEL 1996, S. 29-56.
12 Vgl. SCHMIDT 1931, S. 124-128.
13 Vgl. BERCKENHAGEN 1967.
14 Vgl. SCHMIDT 1931, S. 108113; FRÖHLICH 2005, S. 119-120 (M 152, M 154).
15 Vgl. SCHMIDT 1931, S. 56-64; VOGEL/VOGEL VON VOGELSTEIN 2006, bes. S. 72-83; VOGEL 2009.
16 Vgl. BERCKENHAGEN 1967, S. 327, Nr. 1231. VOGEL 2013.
17 Christian August Clodius am 14. Mai 1774 an den Grafen Friedrich Albrecht von Schönburg-Hartenstein, zitiert nach: SCHMIDT 1931, S. 196.

Abb. 11: Christian Leberecht Vogel: Selbstbildnis, um 1779, Kreide in Schwarz, Rötel, weiß gehöht auf blauem Tonpapier.

nehmen. Verwandtschaftliche und freundschaftliche Beziehungen des Hauses Solms-Wildenfels zu den regierenden Nachbarn beförderten zusätzlich die Inanspruchnahme der künstlerischen Dienste Vogels durch diese adlige Klientel.[18] Da Vogel bereits am 27. Oktober 1780 in die von Gräflich-Solms' schen Hofmeister Johann Samuel Petermann begründete

18   Vgl. VOGEL 2019C.

Abb. 12: Christian Leberecht Vogel: Prinzessin Jenny von Schönburg-Waldenburg mit umgestürzter Blumenschale, 1782, Öl/Lw.

Loge „Zum Goldenen Apfel" in Wildenfels eintrat und bald danach in
die damals aus Sachsenfeld kurzzeitig nach Wildenfels verlegte Loge „Zu
den drei Rosen" überwechselte, in der sein Dienstherr Meister vom Stuhl
geworden war[19], wird es vermutlich über die Maurerei schon bald unmit-
telbare Berührungspunkte auch mit Otto Carl Friedrich gegeben haben.
Denn der Waldenburger Graf war bereits am 22. Juni 1776 in Leipzig
dem Bund der Freimaurer in der Loge „Zu den drei Palmen" beigetreten
und hatte sich, wie viele andere im Geiste des aufgeklärten Humanismus
wirkenden Zeitgenossen auch, dieser der ,Verschwörung zum Guten' die-
nenden Geheimgesellschaft angeschlossen, um mitzuhelfen, die unbe-
friedigenden gesellschaftlichen Verhältnisse der damaligen Zeit bessern
zu können. Am 19. April 1780 war Otto Carl Friedrich zum Gesellen be-
fördert worden und kurze Zeit danach kam es zur neuerlichen Verlegung
der ursprünglich Sachsenfelder Loge nunmehr von Wildenfels auf das
schönburgische Schloss Rüsdorf bei Lichtenstein.[20] Hier erlangte Otto
Carl Friedrich den Rang eines zweiten Meisters vom Stuhl.[21] Den ersten

19   Vgl. VOGEL 2009, S. 43.
20   Vgl. RÖBER 1999, S. 28.
21   Vgl. RÖBER 1999, S. 28.

Abb. 13: Christian Leberecht Vogel: Bildnis Heinrich Eduard Prinz von Schönburg-Harten-stein, um 1792/93, Pastell.

Auftrag, den Vogel vom Waldenburger Grafen nachweislich erhielt, war das Kinderporträt der zweijährigen Prinzessin Jenny (Abb. 12) – der späteren Lieblingsschülerin des Künstlers –, die er im Jahre 1782 mit umgestürzter Blumenschale und einem Apfel in ihrem Händchen im ovalen Rundbild malte. Im Laufe der Zeit kam es dann zu Porträtaufträgen von allen Familienmitgliedern in Öl, Pastell oder als Zeichnung, wobei die Landschaft des Grünfelder Parks nicht selten als Kulisse diente (Abb. 13-16).[22] Doch auf Porträts beschränkten sich keinesfalls die Aufträge,

22   Vgl. SCHMIDT 1931, S. 54-77.

die Vogel von Otto Carl Friedrich entgegen nahm. Ein Altarbild für die Lichtensteiner Kirche[23], auf dem der kleine Prinz Otto Victor zum Protagonisten des biblischen Geschehens erhoben wurde, bestätigt dies. Auf diesem Altarblatt fungiert der kleine Prinz als das Kind, das Christus den Aposteln in ihrem Rangstreit auf ihre Frage „Wer der Größte im Himmelreich sei?" vor Augen stellt und ihnen antwortete: „*Wahrlich, ich sage euch: Wenn ihr nicht umkehret und werdet wie die Kinder, so werdet ihr nicht ins Himmelreich kommen.*" (Matth. 18, 1-5; Mark. 9, 33-37, Luk. 9, 46-50). Außer der Lieferung von Porträts und eines Altarblatts gehörte es ebenso zu Vogels Obliegenheiten in seiner Tätigkeit für das Haus Schönburg, die Kinder des Waldenburger Fürstenpaares im Zeichnen und Malen zu unterrichten. Demzufolge scheint Vogel häufig den Weg von Wildenfels nach Waldenburg oder Lichtenstein unternommen zu haben, wo die fürstliche Familie wohnte, um dort die schönburgischen Prinzen und Prinzessinnen in der bildenden Kunst zu unterweisen. Christian Leberecht Vogels künstlerischen Bestrebungen waren recht vielseitig; er betätigte sich nicht nur als Plafond- und Tafelmaler, Zeichner und Buchillustrator, Kunsterzieher und Kunsttheoretiker, sondern er versuchte überdies sogar im Bereich der Architektur zu experimentieren. So soll er bei der Errichtung eines Gebäudes für den Carolinenhof, einer Schäferei bei Friedrichsgrün, die mit zu den Wildenfelser Nebenbesitzungen gehörte, für den Grafen Solms als Baumeister tätig geworden sein. Diese baukünstlerischen Versuche dehnten sich gelegentlich auch auf die ‚Grüne Kunst' der Gartengestaltung aus. Zumindest trifft das für Ideenentwürfe im Bereich von Denkmalen und Gartenszenen zu, bei denen er mit der Gestaltung parkartiger Situationen Requisiten der Empfindsamkeit schuf, die geeignet waren, als Anregungen zur Realisation in sentimentalen Landschaftsparks zu dienen. Damit folgte er künstlerischen Empfehlungen des damals führenden Gartentheoretikers Christian Cay Lorenz Hirschfeld (1742–1792), der in den neuen englischen Landschaftsparks die Aufstellung von Monumenten forderte, die „*der Verehrung, der Freundschaft und der Liebe* [aber auch der Trauer und der Erinnerung dienen, um beim Betrachter Empfindungen] *sanften Vergnügens, oder einer süßen Schwermuth*"[24] zu erzeugen. Von Vogel existieren mehrere Zeichnungen mit derartigen fiktiven Erinnerungsmalen, die er im Zusammenhang mit Diskussionen über die Gartenkunst für seinen Dienstherrn Graf Solms, aber auch für den Logenbruder und Mäzen Otto Carl Friedrich von Schönburg als Anregungen für deren Parkgestaltungen in Wildenfels bzw. Grünfeld

23   Vgl. VOGEL 1996, S. 59, 83; VOGEL/VOGEL VON VOGELSTEIN 2006, S. 60-63.
24   HIRSCHFELD 1779/1785, hier: Bd. III, 1780, S.143.

Abb. 14: Christian Leberecht Vogel: Prinz Heinrich Eduard von Schönburg-Hartenstein am Schreibtisch, 1804, Öl/Lw.

Abb. 15: Christian Leberecht Vogel: Bildnis Caroline Alexandra Henriette Jeanette (Jenny) Prinzessin von Schönburg-Waldenburg, um 1799, Öl/Lw

Abb. 16: Christian Leberecht Vogel: Bildnis Victoire Albertine Prinzessin von Schönburg-Waldenburg, um 1800.

Abb. 17: Christian Leberecht Vogel: Arkadische Landschaft mit Denkstein, 1785, Graphit, leicht aquarelliert.

Abb. 18: Christian Leberecht Vogel: Dichterehrung, Sepia über Bleistift auf Büttenpapier.

entworfen haben dürfte. Neben der „Arkadischen Landschaft mit Denkstein" (Abb. 17), die Vogel 1785 zum Gedenken an den Tod von Charlotte Luise Polyxena Gräfin zu Erbach-Erbach, geb. Prinzessin zu Leiningen-Dagsburg-Hartenburg (*27.5.1755, †13.1.1785) zeichnete[25], gehören u. a. eine „Dichterehrung" (Abb. 18) mit der Schicksalsgöttin und einem besinnlichen Paar vor einem Gedenkstein mit männlicher Büste, über der eine Nike schwebt, um das Haupt des unbekannten Dichters mit einem Lorbeerkranz zu bekränzen, zu diesen Denkmalsszenen, die der Wildenfelser Hofmaler als mögliche Gestaltungsmuster zur Debatte stellte. Dieses Blatt korrespondiert wiederum mit einer anderen Allegorie Vogels, die er auf die deutsche Dichtkunst entwarf, in der Apoll, dem Gott der Künste, durch die vor ihm kniende „Teutsche Muse" gehuldigt wird (Abb. 19). Hier nimmt der Gott des Lichtes und der Musen stellvertretend für die

---

25 Vgl. VOGEL 1994, S. 56-57; VOGEL/VOGEL VON VOGELSTEIN 2006, S. 56-57; VOGEL 2009, S. 35.

Abb. 19: Christian Leberecht Vogel: Die deutsche Muse kniet vor Apoll, Kreide.

Abb. 20: Anton Graff: Adam Friedrich Oeser, 1776, Öl/Lw.

deutschen Dichter der Aufklärung – Klopstock, Gellert, Hagedorn, die als Bildnisse in einem Fries von Medaillons an einem antiken Monopteros zu sehen sind – die Huldigung durch die Personifikation der geflügelten deutschen Muse entgegen. Sie trinkt dabei aus der Heiligen Quelle Hippocrene, dem Sinnbild der göttlichen Inspiration. Zugleich legt sie Kronen verschiedener Art als Zeichen der unterschiedlichen Gattungen der Dichtkunst zu Füßen des Gottes, um damit die Häupter der deutschen Dichtkunst symbolisch zu krönen.[26]

26 Vgl. VOGEL/VOGEL VON VOGELSTEIN 2006, S. 22-23.

Abb. 21: Adam Friedrich Oeser: Denkmalentwurf, Aquarell aus einem Stammbuch.

Adam Friedrich Oeser

Mit derart symbolbeladenen Zeichnungen von erdachten Denkmalen zur Ausgestaltung sentimentaler Parkanlagen lag Vogel ganz in gestalterischer Nähe zu einem anderen sächsischen Meister der Empfindsamkeit, zu Adam Friedrich Oeser (1717–1799), dem Direktor der Leipziger Kunstakademie. Als Logenbruder stand Oeser gleichfalls im engen Verkehr zum Grafen Solms, dessen Lehrer er während dessen Studiums gewesen war, aber auch zu Otto Carl Friedrich von Schönburg, der ihm eine respektvolle Verehrung erwies, indem er sogar ein Bildnis des Künstlers (Abb. 20) – gemalt von Anton Graff – mit in die Kunstsammlung seines Schlosses einfügte.[27] Außerdem bemühte er sich um Oesers Rat beim Entwurf eines Denkmals für den verstorbenen Erstgeborenen, das im Grünfelder Park Aufstellung finden sollte. Hierbei diente ihm ein Denkmalentwurf (Abb. 21) Oesers als Vorbild, das der Künstler in seinem Stammbuch verewigt hatte und das nun als melancholisches Zeichen der Trauer um ein geliebtes Kind in einer gelängten Gestalt (Abb. 22) im Grünfelder Park realisiert werden sollte.[28]

27 Vgl. BERCKENHAGEN 1967, S. 256, Nr. 1058; VOGEL 2019A, S. 81-85.
28 Ibidem.

Abb. 22: Das Denkmal des Erstgeborenen im Grünfelder Park.

Johann Christian Klengel und
Johann Gottlob Samuel Stamm

Befassten sich die hier genannten Zeichnungen zu Parkszenerien und Denkmalsentwürfen von Vogel und Oeser mit erfundenen Gartenansichten, so wurde Johann Christian Klengel 1789 von Otto Carl Friedrich mit der Darstellung einer Serie von Ölgemälden beauftragt[29], die konkrete Schauplätze aus dem zu diesem Zeitpunkt schon weitgehend fertiggestellten Grünfelder Park zeigen sollten. Von den ursprünglich wohl fünf Gemälden dieser Serie haben sich zwei im Original erhalten; drei weitere sind lediglich in ihrer Umsetzung als kolorierte Radierungen überliefert, die Klengels Schüler Johann Gottlob Stamm (*1767 Meißen, †12.1.1814 Dresden) zur Propagierung des Grünfelder Parks im Auftrag des Fürsten gefertigt hatte. All diese Darstellungen zeigen nicht nur die topographisch exakte Schilderung der jeweiligen Situation im Park als Dokument der erfolgten künstlerischen Umgestaltung des spezifischen Landschaftsausschnitts, vielmehr reflektieren sie mit der Einbeziehung von Angehörigen der fürstlichen Familie als Figurenstaffagen zugleich aristokratisches Selbstverständnis in der Repräsentation des modernen aufgeklärten Adels. So zeigen sich die Fürstin Henriette mit zwei ihrer Söhne und einem Diener beim abendlichen Spaziergang durch den Außenpark am Elisensee (Abb. 23) in der schlichten Eleganz ihrer Kleidung auf moderne Weise der Öffentlichkeit, indem sie zugleich mit ihrer Kontemplation in die romantische Abendstimmung ihr neu erwachtes Naturgefühl zur Schau stellen, ihre Empfindsamkeit für die Reize der göttlichen Schöpfung wie ihren ungekünstelten Umgang mit den Kindern als Mitmenschen, denen man mit Empathie begegnet. Gemeinsam betrachtet man die schwimmenden Schwäne und Enten und blickt auf die ländliche Idylle einer grasenden Viehherde am jenseitigen Ufer des Sees, während die begleitenden Hunde die Menschen umspielen.

Auch das Gemälde des „Badehauses im Grünfelder Park" (Abb. 24) folgt diesem ganz auf das Menschliche reduziertem Muster moderner aufgeklärter Repräsentation, indem wir in der abermals idyllischen Parkszenerie den Fürsten selbst und seine beiden ältesten Töchter Jenny und Victoire nur en passant als Staffagen im Schatten bzw. im entfernten Hintergrund beim Spaziergang zur Kenntnis nehmen. Hier ist der antikisierende Bau des Badehäuschens in helles, nachmittägliches Sommerlicht getaucht, das vom Westen her die Szene beleuchtet und man ist versucht anzunehmen, dass Klengel mit seiner Serie der Grünfelder

---

29 Vgl. SCHMIDT 1931, S. 108-116; - VOGEL 1987, S. 231, Abb. 2, 4-8; VOGEL 1994, S. 32, 50-51, 76, 82; VOGEL 1996, S. 32, Abb. 19, 20; FRÖHLICH 2005, S. 119-120; FRÖHLICH 2012, S. 30-34; THÜMMLER 2019, S. 466, 494, 498, 636, 640-641.

Abb.23: Johann Christian Klengel: Der Elisensee im Grünfelder Park zu Waldenburg im Abendlicht, 1789, Öl/Lw.

Abb. 24:` Johann Christian Klengel: Das Badehaus im Grünfelder Park zu Waldenburg, um 1789/90, Öl/Lw.

Abb. 25: Johann Gottlob Samuel Stamm nach Johann Christian Klengel: Das Haupttal des Parkes Grünfeld bei Mondschein, um 1789/90, kolorierte Radierung.

Abb. 26: Johann Christian Klengel: Das Dianenbad im Park von Grünfeld, um 1789/90.

Parkszenen zugleich einen Tageszeitenzyklus schaffen wollte, denn eine weitere Ansicht, die längst verschollen ist und nur als Stich von Stamm überliefert wurde, zeigt das Haupttal von Grünfeld bei Mondschein (Abb. 25), um so auch die nächtliche Parkstimmung auf gefühlvoll romantische Weise einzufangen, die sich bei Mondlicht beobachten lässt, wenn das Himmelsgestirn sein kühles Licht über die Wiese ausbreitet, auf der das Rehwild grast, während ein einsamer Wanderer – vermutlich der Gärtner oder ein Bauer – das Gelände inspiziert. Links ist auf halber Höhe das einstige Triangular zu sehen, das in seiner nächtlichen Beleuchtung mit der ebenfalls vom Mondlicht angestrahlten Kirche zu Oberwinkel und in einer weiteren Sichtachse auch mit dem Badehaus korrespondiert, so dass in dieser Trinität der Gebäude drei weltanschauliche Positionen des Fürsten sinnfällig werden, die in seinem Leben eine gleichberechtigte Stellung einnehmen: der christliche Glaube, der durch die Oberwinkler Kirche verkörpert wird, die aufgeklärte Humanität findet im Gebäude des Triangulars seinen Ausdruck und die Liebe zur Gemahlin und Familie erhält ihre architektonische Entsprechung im Badehaus. Außerdem macht die nächtliche Stimmung dieser Szene auf romantische Gefühlsregungen aufmerksam, die von Melancholie, Einsamkeit, Vergänglichkeitsahnung geprägt wird. Aber gleichzeitig wird auch das Sehnen nach hoffnungsvoller Transzendenz spürbar. Damit spiegeln sich in dieser Darstellung wesentliche Aspekte der allgemeinen Gemütslage der Zeitgenossen des Zeitalters der Empfindsamkeit und der Vorromantik. Sie nehmen Erfahrungswerte vorweg, die sich in ganzer Stärke kurze Zeit später in der Landschaftsmalerei von Schaffen von Capar David Friedrich niederschlugen, zu deren Vorläufern Klengel in gewisser Weise zu zählen ist.

Ein viertes Bild der Serie, das ebenfalls verschollene „Dianenbad in Grünfeld" (Abb. 26), verstärkt diese Stimmung, denn der kleine Weiher am äußersten Rand des im Übergang zum dichten Wald befindlichen Parkgeländes zeigt ein kleines hölzernes Tempelchen in antiker Gestalt, das der keuschen Göttin der Jagd gewidmet war. Der längst verschwundene Bau war einst umgeben von hohem Baum- und Buschwerk, so dass sich nur wenig Licht über den stillen Forellenteich ergoss, an dem er stand. Dadurch erhöht sich der Eindruck melancholischen Gefühls, das überdies durch einen großen dürren Baum am linken Ufer erweckt wird, vor dem ein Postament mit Urne steht, an das sich *„eine in ein griechisches Gewand gekleidete Jungfrau* [lehnt, die] *den Blick sehnsuchtsvoll in des Waldes tiefes Dunkel richtet. Sie verkörpert die Freundschaft, die auch den toten Freunden und Freundinnen ein sehnsüchtiges*

Abb. 27: Johann Gottlob Samuel Stamm nach Johann Christian Klengel: Das holländische Bauernhaus im Park zu Grünfeld, kolorierte Radierung.

Gedenken widmet".[30] Aus dem einzig überlieferten Schwarz-Weiß-Foto des Gemäldes lässt sich leider nicht mehr ablesen, ob diese melancholische Stimmungslandschaft mit einer am Himmel aufkommenden Morgenröte gekoppelt war, die Hoffnung auf Transzendenz, auf Erneuerung und Wiedergeburt verspricht. Allerdings lassen die deutlichen Lichtreflexe auf dem Gewässer den Schluss zu, dass hier eine vormittägliche Atmosphäre eingefangen wurde, in der sich die Fürstin mit drei ihrer Töchter zu dem lauschigen Ort im Park begeben haben, um den verstorbenen Freunden am Monument ihres Gedenkens mit der Blumengirlande eine Huldigung zuteilwerden zu lassen. Und wieder präsentiert sich die adlige Familie im Gewande schlichten Menschentums, indem sie sich im Sinne des damaligen Freundschaftskultes bei Ausübung der Erinnerungspflege und in ihrer anteilnehmenden Mitmenschlichkeit zeigte.

Ein letztes Gemälde, „Das holländische Bauernhaus im Park zu Grünfeld" (Abb. 27), beschloss den Klengelschen Gemäldezyklus mit Ansichten aus dem Grünfelder Park. Es ist ebenfalls nur in der Reproduktion von Stamm überliefert. Mit Jean-Jacques Rousseaus (1712–1778) Ruf „Zurück zur Natur" lebte das Interesse am einfachen Landleben in Verbindung mit höfischen Schäferspielen bereits im Ro-

30   SCHMIDT 1931, S. 113-114.

Abb. 28: Giorgione und/oder Tizian: Hirtenkonzert (Fiesta campestre), um 1509, Öl/Lw.

koko wieder auf, nachdem bereits die Renaissancehumanisten mit der Wiederbelebung der „Fête Champetre" (Abb. 28) die Freude am Vergnügen in der freien ländlichen Natur aus der bukolischen Tradition der Antike zu neuem Erblühen gebracht hatten. Während des Rokokos hatte Marie Antoinette (1755–1793), die Königin von Frankreich, mit ihrem „L' Hameau" im Park zu Versailles der „Dörfle-Mode" innerhalb von Parkanlagen neuen Schwung verliehen. Dort wurde aber tändelnd von den Protagonisten des Adels das schlichte Landleben nur gespielt, um sich dadurch zeitweilig von der strengen Etikette des Hofes lösen zu können. Nun, im Zeitalter der Empfindsamkeit, war die Integration des Landlebens, das man bevorzugt mit holländischen oder Schweizer Milchwirtschaften in Verbindung brachte, zum festen Bestandteil gartenkünstlerischer Gestaltungen geworden, galt es doch, damit das Prinzip des ‚bon et utile' für jedermann sichtbar werden zu lassen. Insofern wurden Schweizereien oder holländische Landhäuser beliebte Requisiten sentimentaler Gartenanlagen. In Sachsen begegnen sie uns in dieser Zeit nicht nur in Grünfeld, sondern ebenso im Park zu Machern.[31] Klengel schildert in seiner Ansicht vom „Holländischen Bauernhaus"

31   Vgl. KOCH 1910, S. 377.

Abb. 29: Johann Gottlob Stamm nach Johann Christian Klengel: Der Elisensee im Grünfelder Park, 1789, kolorierte Radierung.

eine ländliche Idylle, in der abermals Mitglieder der fürstlichen Familie – in diesem Falle ist es die Mutter Henriette mit zwei ihrer Kinder – als Staffagen figurieren, um beim Betrachter den Eindruck eines familiären Einklangs der hier agierenden Menschen mit der verschönerten Natur und der landwirtschaftlicher Produktion zu erzeugen. Dabei ist die Botschaft: Schlichtheit, Natürlichkeit, Bedürfnislosigkeit und familiäres Glück als Ausdruck höchster Menschlichkeit beim Betrachter dieser Szenen zu suggerieren, um so die Anpassung der Herrschenden an die kulturelle Lebenswirklichkeit der bürgerlichen Stände zu veranschaulichen. Eine hübsche Blumenrabatte mit Sommerblumen am linken Bildrand unterstreicht überdies in seiner Heiterkeit das zur Schau gestellte Ideal menschlicher Existenz sowohl in ihren persönlichen Beziehungen untereinander wie im Verhältnis zu Natur und Umwelt. Und obwohl aus dem Nachstich nicht eindeutig die vorgestellte Tageszeit ersichtlich wird, deutet doch die Durchleuchtung der gesamten Szene und das Fehlen langer Schatten auf die Mittagszeit mitten im Sommer. Außerhalb des Klengelschen Bildzyklus und dessen Reproduktionen schuf Johann Gottlob Samuel Stamm 1789 noch zwei eigenständige Blätter: „Waldenburg, beim Straßenhause gezeichnet" und eine „Ansicht von Waldenburg mit Blick vom Elisensee aus" (Abb. 38).[32] Es handelt sich dabei um sachliche Veduten, die in etwas naiv wirkender Manier die städtische Silhouette als dekorative, staffierte Kulisse begreifen.

32   Vgl. SCHMIDT 1931, S. 109.

Park ‚Greenfield' – eine ornamental farm als Ergebnis der ‚Grünen Revolution' des 18. Jahrhunderts

Das neue Naturgefühl im Zeitalter der Aufklärung und Empfindsamkeit

In der zweiten Hälfte des 18. Jahrhunderts brachte die Entstehung eines neuen Naturgefühls, das sich im Zuge der bürgerlichen Aufklärung auch in Deutschland herausgeformt hatte, in der Gartenkunst die Mode des sentimentalen Landschaftsgartens hervor, deren Vorbild sich an vorausgegangenen Entwicklungen in England orientierte. Bereits um 1750 fasste die von den britischen Inseln ausgehende Idee der Gestaltung von Landschaftsgärten erstmals in den Parkanlagen von Schwöbber bei Hameln – die Baron Otto von Münchhausen (1716–1774) anlegen ließ – auf dem europäischen Kontinent Fuß und erlebte in der Folgezeit nicht nur in Deutschland eine rasche Verbreitung. Wesentliche Impulse gingen dabei vor allem von den zwischen 1764 und 1800 gestalteten Wörlitzer Anlagen aus, die unter der Leitung des Fürsten Leopold III. Friedrich Franz von Anhalt-Dessau (1740–1817) mit der Unterstützung seines Freundes und Beraters, Friedrich Wilhelm von Erdmannsdorff (1736–1822), entstanden waren und deren Beispiel eine Vielzahl ähnlicher Parkanlagen nach sich zog.

Auch der Park Grünfeld in Waldenburg, Kreis Zwickau, zeigt sich von diesem Muster gleich der meisten deutschen Parkschöpfungen dieser Periode zwischen 1770 und 1790 beeinflusst.[33] Neben den Parkanlagen im Seifersdorfer Tal bei Radeburg, in Machern bei Wurzen und in Röhrsdorf bei Dohna gehört er zu den bedeutendsten, größten und reizvollsten historischen Gartengestaltungen Sachsens aus der sentimentalen Stilstufe.[34]

Auftraggeber für den ursprünglich in Anlehnung englischer Erfahrungen als ‚Greenfield' bezeichneten Park war Otto Carl Friedrich Graf von Schönburg-Stein (1758–1800; Abb. 30), der 1790 – noch während der Baumaßnahmen im Park – in den Reichsfürstenstand erhoben wurde. Schon auf seiner zwischen 1776 und 1779 unternommenen Kavalierstour hatte Otto Carl Friedrich zusammen mit seinem Hofmeister Georg Friedrich Ayrer verschiedene Landschaftsgärten in Frankreich, der Schweiz und in England besucht, von denen er Anregungen zur Gestaltung einer ähnlichen Anlage in seinem Herrschaftsbereich erhielt. Die

---

33 Vgl. VOGEL 1987.
34 Vgl. KOCH 1910, S. 352-390.

gefasste Idee konnte nach der Rückkehr in die Heimat und seinem Regierungsantritt am 2. Februar 1779 realisiert werden. Als Duodezfürst, dessen Machtbestrebungen sich nicht auf reichspolitische Ambitionen und den damit verbundenen feudalen Repräsentationsverpflichtungen konzentrierten, konnte sich der von den Idealen der Aufklärung beeinflusste junge Graf gegenüber den machtgewaltigeren und konservativer eingestellten Landesherren vergleichsweise modern geben und bürgerlich-humanistisches Gedankengut auf breiter Ebene in die eigene

Abb. 30: Christian Leberecht Vogel: Otto Carl Friedrich von Schönburg-Waldenburg im Werther-Kostüm, um 1790/95, Pastell.

Hofkultur übernehmen. Philosophischer und künstlerischer Kulminationspunkt dieser Entwicklung war damals der Landschaftsgarten, das Manifest einer durch und durch verbürgerlichten Kultur, deren Ideal in der Natürlichkeit einer beschaulich familiären, ungezwungenen Lebensführung bestand, welche genügend Freiraum für die breite Entfaltung der jeweiligen Individualität beließ. Vordergründige Repräsentation blieb daher ausgeschaltet und so konnte in der Gartengestaltung die vormals beherrschende visuelle Verbindung zwischen Schloss und Parkraum nahezu vollständig aufgehoben werden; lediglich ein kurzer Verbindungsweg zwischen Schlosspark und Außenpark der englischen Gartenanlage stellte noch den räumlichen Zusammenhang zwischen beiden Repräsentationsbereichen her. Materieller Träger dieser neuen Ideen blieb in Deutschland zunächst vor allem der niedere Adel, der namentlich im Zeitraum zwischen 1770 und 1800 den Entwicklungsweg in der Gestaltung des Landschaftsparks bestimmte. Für Otto Carl Friedrich von Schönburg-Waldenburg wird nicht zuletzt die 1779 erfolgte Eheschließung und die damit erfolgte Gründung eines eigenen Hausstandes ein wesentlicher Faktor gewesen sein, die persönliche Lebensführung nach dem Ideal dieser Grundsätze eines aufgeklärten Humanismus zu bestimmen, die die Ausgestaltung eines jedermann zugänglichen Landschaftsgartens mit einschloss.

Die Anfänge des Parks ‚Greenfield‘

So erfolgte am 28. Dezember 1780 durch Otto Carl Friedrich der Kauf eines bestehenden Gutshofes, welcher sich auf der südlich von Waldenburg gelegenen Muldenaue befand und der die Keimform für die geplante Parkanlage darstellte. Dieses Vorwerk wusste er bald durch weitere Zukäufe von Wiesen, Wald und Ackerland schließlich bis zu dem nahen Höhenzug des Callenberger Berges auszudehnen. Damit war das territoriale Grundgerüst für seine spätere Parkanlage gegeben. Das aus Laubwald, dem Oberwinkeler Bach, aus Teichen, weiten Wiesenflächen und einzelnen Gehölzgruppen sich zusammensetzende Gelände von ca. 103 ha im Umfang war in seinem ursprünglichen Charakter bereits so abwechslungsreich geformt, dass es für die Anlage eines englischen Parks die ideale Voraussetzung bildete. Auf grundlegende landschaftliche Reliefveränderungen konnte damit verzichtet werden und auch das gartenkünstlerische Ideal eines allmählichen Überganges des Parks in die umgebende Landschaft war durch die gegebenen günstigen Bedingungen des Standortes weitgehend erfüllt. Demzufolge blieb die Notwendigkeit aufwendiger Landschaftsverbesserungen im Sinne der zeitgenössischen englischen Gartenarchitektur auf relativ wenige Maßnahmen beschränkt. Selbst der am Rande des zu schaffenden engeren sentimentalen Parkteils gelegene Bauernhof entsprach in seiner dezentralisierten Lage ganz den persönlichen, unrepräsentativen Absichten des Grafen im Wunsche nach Führung eines ungezwungenen Familienlebens, so dass man ihn mit wenig Aufwand zum bescheidenen Sommersitz der Schönburgs herrichten konnte. In seiner Abgeschiedenheit von der städtischen Residenz des Waldenburger Schlosses ließ sich die gängige Vorstellung des damaligen Zeitalters der Empfindsamkeit vom ländlich-sittlichen Leben in der Natur, wie es J. J. Rousseau in seinem Roman „La nouvelle Heloise" geschildert hatte, problemlos verwirklichen.

Obgleich sich die Idee von der Schöpfung des englischen Parks Grünfeld in der Grundkonzeption auf den jungen Otto Carl Friedrich von Schönburg-Waldenburg (Abb. 31) zurückführen lässt, lag doch die eigentliche Ausführung der gärtnerischen Gestaltung in den Händen des einheimischen Hofgärtners Mirtsch unter der Aufsicht des Gartenbaukondukteurs Johann Bernhard Eichen, der die Grundrisse zum Park geliefert hatte. Von ihm stammt die erste exakte Aufnahme des Grundplanes vom gesamten Park. Sie datiert vom 23. August 1795 (Taf. I)[35] und gehört damit bereits einer Zeit an, in der die Gestaltung dieses sentimentalen Parkensembles ihren vorläufigen Abschluss fand, denn die Wiederholung dieses

---

35   Siehe Anhang mit Legende, S. 110-112.

Planes (Taf. II, III)[36], datierend vom 25. September 1813, lässt, abgesehen von geringfügigen Varianten in der Zeichnung, kaum markante Veränderungen erkennen. Ungeklärt blieb bis zum heutigen Tage, wer als ausführender Architekt für die zahlreich im Park verstreuten Kleinbauten verantwortlich zeichnet. Archivalische Quellen geben hierüber leider keine Auskunft, doch scheint es sehr wahrscheinlich, dass der Dresdener Architekt und Hofkondukteur Christian Friedrich Schuricht (1753–1832) nicht unerheblichen Einfluss auf die Gartenarchitektur Grünfelds ausübte. Seine Illustrationen zu Christian Cay L. Hirschfelds grundlegendem

Abb. 31: Christian Leberecht Vogel: Brustbild des Otto Carl Friedrich von Schönburg-Waldenburg, um 1790/95, Pastell.

Werk – der „Theorie der Gartenkunst" – das zwischen 1777 und 1782 in Leipzig erschien, mögen für mehrere Gartenbauten die Anregung geboten haben, wie es Strukturvergleiche zwischen seinen Mustern und deren Umsetzung im Grünfelder Park unschwer erkennen lassen. Inwieweit Schuricht aber als Architekt direkt für die Bauten Grünfelds in Anspruch genommen wurde, kann nicht mehr geklärt werden. Immerhin stellte ja Hirschfelds Standardwerk den Leitfaden für nahezu alle damals entstandenen Gartenanlagen im englischen Stil dar. Die in seiner Theorie enthaltenen Vorschläge wurden vielfach als Angebotskatalog von den jeweils ausführenden lokalen Baumeistern genutzt, so dass mitunter die Ähnlichkeit vieler zeitgenössischer Gartenarchitekturen beim Vergleich verschiedener Parks verblüfft, die alle ihre gestalterischen Wurzeln in Hirschfelds Werk zu haben scheinen.

Mit der Schaffung des Parks nach den Grundsätzen des neuen Gartenideals, welches die anscheinend freie Entfaltung der Natur zur Zielsetzung hatte, verbanden sich für Graf Schönburg von Anbeginn mit den Grundwerten des Vergnügens, der Erbauung und Entspannung auch der Faktor ökonomischen Nutzens. Diese Programmatik, die gleichfalls

---

36   Siehe Anhang mit Legende, S. 113-116.

vom englischen Ursprung dieses Gartenstils mit übernommen wurde, dokumentiert sich prononciert in der Benennung ‚*Greenfield Park*‘, was in der deutschen Übersetzung soviel wie Weidefläche für die Viehnutzung besagt. Desgleichen wies die Einbeziehung eines Tiergeheges für die herrschaftliche Jagd auf diese Form der wirtschaftlichen Nutzung des Parkgeländes hin. Allerdings blieb dieses ausgesonderte Areal des Parks, das umzäunt blieb, ausschließlich dem herrschaftlichen Gebrauch vorbehalten, so dass sich auf dieser Ebene die alten Feudalrechte gegenüber dem sonst vorherrschenden neuen Gedankengut der Aufklärung mit seinen bürgerlichen Erziehungs- und Bildungsidealen Vorrang verschaffen konnten. Ebenso weist die Einbindung der Untertanen mit der Leistung von Frondiensten zur Gestaltung des Parkgeländes auf die Ambivalenz in der Gesinnung des Grafen, der mit dem Park einerseits seine eigenen humanistischen Vorstellungen realisierte und andererseits zur Aufgabe spätfeudaler Privilegien noch nicht bereit war. In dieser Hinsicht bildete Otto Carl Friedrich allerdings keine Ausnahme; vielmehr entsprach solche Diskrepanz dem Wesen des aufgeklärten Absolutismus der damaligen Zeit, der die sozialen Widersprüche nicht zu überwinden vermochte. Entsprechend wird das gesamte Parkprogramm von dieser Doppelwertigkeit bestimmt. Dennoch dominiert das Neue, das bürgerliche Lebensgefühl, das sich im Grünfelder Landschaftspark ausspricht. Der Eindruck einer natürlichen, zufällig wirkenden Umgebung, die abwechslungsreich unter Einbeziehung von Gewässern, von Wiesen, malerischen Baumgruppen, von bewaldeten Bergrücken und schroffem Fels die Vielfalt von Landschaftsformen auf einem relativ kleinen Territorium zusammenführt, sollte dem Besucher die Ehrfurcht vor der Schönheit und Vollkommenheit der Natur vermitteln. Auf diese Weise wurden mit jedem neuen Parkbild seine Sinne auf andere Weise angesprochen, wurde seine Empfindsamkeit geschult, um beabsichtigte Stimmungen und Assoziationen zu wecken. Eine solch philosophische Sicht auf die Natur, bei der die einzelnen Landschaftsszenen mit Gefühls- und Gedankeninhalten ausgestattet waren, vermochte ungestaltete, wilde Natur nur in den seltensten Fällen zu leisten, deshalb wurden die Parkszenen durch Staffagen und andere Gestaltungsformen inhaltlich aufgeladen, um im Besucher des Parks ein sentimentales, pantheistisches Weltgefühl zu erzeugen, bei dessen Vertiefung nicht nur sein Wissen und Denken erweitert wurde, sondern seine „Menschlichkeit" ganz generell eine Vervollkommnung erfuhr. Aus diesem Grunde war man bemüht, durch künstlerische Gestaltung die eigentliche Natur im Park zu verbessern, sie zu verschönern, um dem pantheistischen Gefühl einer allbeseelten Natur und ihrer Allmacht, aber auch individuellen Erinnerungen oder Absichten des Bauherrn, Ausdruck verleihen zu können.

Das Repertoire der gewählten Gestaltungsformen war dabei komplex
und wurde vom Prinzip der Vielfalt
bestimmt. Entsprechend kam es auf
Abwechslungsreichtum in der Abfol-
ge der Charaktere der strukturierten
„Naturkulissen" an, die geeignet waren, unterschiedliche Stimmungen
zu erzeugen. Heitere, ländliche Park-
partien im Typus beschaulicher Idyl-
len wechselten deshalb mit Arealen
ab, die eine paradiesisch-arkadische
Stimmung hervorrufen. Auch Park-
gefilde, die melancholische Gefühle erzeugen, blieben ebenso wenig
ausgespart wie Bereiche, die in ihrer

Abb. 32: Joshua Reynolds: Bildnis des Philosophen Edmund Burke.

Erhabenheit Anlass zu schaurigem Erschrecken geben. Damit wurde den
ästhetischen Kategorien von der Erhabenheit und der Schönheit Rechnung getragen, wie sie der anglo-irische Aufklärungsphilosoph Edmund
Burke (1729–1797; Abb. 32) im Jahre 1757 in seiner berühmten Abhandlung „A Philosophical Enquiry into the Origin of our Ideas of the Sublime
and Beautiful" niedergelegt hatte. Auf diese Weise galt es, in ganzer Breite die Vielfalt der Ausdruckskraft der Natur auf engem Raum im Parke
zusammenzuführen, um deren unerschöpfliche Universalität zumindest
ansatzweise nachvollziehbar machen zu können. Zur zusätzlichen Stei-
gerung der Ausdrucksskala vorromantisch-sentimentaler Parks wurden
darüber hinaus oft Gartenrequisiten bemüht, die in Gestalt von Denkmä-
lern, Inschrifttafeln und Kleinarchitekturen bewusst die Assoziationsrich-
tung der mit der Naturszene verbundenen Inhalte zu lenken suchten. Dabei standen die durch sie hervorgerufenen Empfindungen meist mit dem
persönlichen Schicksal und individuellen Erfahrungen des Bauherrn im
Zusammenhang, für dessen Nutzung der Park ja in erster Linie angelegt
worden war. Entsprechende architektonische Reminiszenzen verwiesen
deshalb auf Eindrücke, die von erlebten Reisen und besichtigten Sehenswürdigkeiten haften geblieben waren. Sie ermöglichten nicht nur dem Besitzer selbst, sich später noch an Beeindruckendes zu erinnern; vielmehr
gestatteten sie es zugleich, dass der Besucher imaginär den Spuren der
Reisen des Bauherrn folgen konnte und er dadurch einen ähnlichen Bil-
dungseffekt zu erlangen vermochte, wie einst der Vorgänger auf seiner
Kavalierstour. Zur persönlichen Sphäre des Bauherrn gehörten desgleichen die Monumente und Tafeln, die dem Gedenken lieber Freunde und

Verwandter gewidmet waren und sentimentale Gefühle beim Betrachten erwecken sollten. Selbst die Verweise auf Geschichte, Natur und Gesellschaft entsprangen der subjektiven Sicht des Auftraggebers, der es auch nicht versäumte, neben freimaurerischen Ideen, religiösen Überzeugungen und Anklängen an einen persönlichen Ahnenkult exotische Kuriosa und Wunschwelten in das assoziationsästhetische Programm seiner Parkgestaltung mit einzubeziehen. Im Grünfelder Park blieb ein Großteil der ursprünglichen Requisiten erhalten, die weitgehend den assoziativen Nachvollzug des einstigen Gartenprogramms ermöglichen. So begegnen uns Staffagen unterschiedlichster architektonischer Stile, die ebenso auf archaisch-urwüchsige Bauformen verweisen wie auf verfeinerte Adaptionen der klassischen antiken Formensprache oder gotischer Baugesinnung. In ihrer klassizistischen, neugotischen, ägyptisierend und auch primitiv-ursprünglichen Formgebung genossen die verwendeten Parkstaffagen eine künstlerische Gleichrangigkeit, die mit dafür ausschlaggebend wurde, dass sich das stilistische Nebeneinander zum eigenständigen Gestaltungsprinzip – dem Multistil des Historismus in der Kunst des 19. Jahrhunderts – entwickeln konnte.

Im Gegensatz zu vergleichbaren zeitgenössischen Anlagen in Deutschland und Sachsen, wo meist der sentimentale Charakter noch überwog, bereitete sich im Park Grünfeld bereits stärker der Landschaftsgarten der nachfolgenden klassischen Stilstufe vor. So konzentrierte sich Otto Carl Friedrich zum Beispiel im Baumbestand zunehmend auf die breite Skala einheimischer Gehölze wie Eiche, Buche, Kastanie, Linde, Birke, Weide, Pappel, Fichte, Lärche usw. und verzichtete nahezu völlig auf exotische Pflanzen. Auch ein Überangebot an sentimentalen Requisiten – wie es uns im Seifersdorfer Tal begegnet – wurde in Grünfeld bewusst vermieden. Das betrifft ebenso die seinerzeit noch weitverbreitete, sentimentale Ruinenromantik und lediglich im engeren Parkbezirk des Zentrums wechseln die durch Staffagen erzeugten Empfindungsbereiche noch verhältnismäßig schnell, während an der Peripherie allenthalben eine gestalterische Großzügigkeit und Weiträumigkeit erkennbar ist, die raffiniert mit Solitärbäumen und Baumgruppen zur Erzielung malerischer Wirkungen der Parkbilder arbeitet. Das schließt selbst repräsentative Alleen als die natürlich kürzeste Wegeverbindung zwischen zwei Standorten mit ein, die im Park Grünfeld als bewährtes Gestaltungsmittel aus dem Französischen Gartenstil wieder zugelassen wurden und auf diese Weise behutsam gegen die mancherorts gar zu gewollten Schlängelpfade englischer Provenienz polemisierten. Damit konkretisiert sich im Park Greenfield ein gärtnerisches Stilempfinden, in dem sich der Übergang von der vorromantisch-sentimentalen zur klassischen Landschaftsauffassung dokumentiert.

Das alte Schloss

In optischer Sichtachse und auch in unmittelbar ideellem Bezug zum Grünfelder Park steht das Schönburgische Residenzschloss (Abb. 33, 34)[37] auf der Anhöhe des Eichberges am linksseitigen Muldenufer und beherrscht zusammen mit der Silhouette der Stadt Waldenburg den nördlichen Parkausblick (vgl. Abb. 38). Bei den Waldenburger Volkserhebungen im Revolutionsjahr 1848 wurde das alte Schloss in Brand gesteckt und brannte aus (Abb. 35). Zwischen 1856 und 1859 ließ es Otto Viktor I. von Schönburg-Waldenburg neu errichten (Abb. 36). Seine jetzige Gestalt erhielt das Schloss jedoch erst beim letzten Umbau in den Jahren 1909 bis 1912 (Abb. 37). Damit sind bis auf die letzten Reste des Bergfrieds im unteren Teil des großen Turms keinerlei Bauelemente mehr aus der Entstehungszeit der Burganlage vorhanden. Nach dem Zweiten Weltkrieg wurde im Schloss zunächst die sowjetische Kommandantur und seit August 1948, bis zu deren Schließung 1998, eine Klinik für Tuberkulose und Lungenkrankheiten untergebracht.

Abb. 33: Julius von Leypold: Schloss Waldenburg vor dem Brande von 1848. Um 1835, Öl/Lw.

37   Vgl. WINKLER/RÖBER 1986, S. 17-21; RÖBER 1999, S. 56-76; DONATH 2010, S. 27-32; VOGEL 2014, S. 86-92.

Abb. 34: Das alte Waldenburger Schloss vor dem Brande, Aufriss der Westansicht.

Abb. 35: Unbekannter Künstler: Zerstörung des Schlosses zu Waldenburg am 5. April 1848, nach 1848, Lithographie

Abb. 36: F. Heise: Schloss Waldenburg, 1856, Tonlithographie.

Abb. 37: Willy Arnitz: Schloss Waldenburg i. Sa., 1916, Druck nach Federzeichnung.

Abb. 38: Johann Gottlob Samuel Stamm nach Johann Christian Klengel: Grünfeld von der Abendseite, um 1795, kolorierte Radierung.

Der Vor- oder Außenpark:
Ein Hortus oeconomicus

Vom Schloss führt der Weg über die Muldenbrücke rechterhand direkt in den äußeren Teil des Parks, dessen Charakter von der Auenlandschaft des rechten Muldenufers zwischen der Gemarkung Altstadt Waldenburg und dem Dorf Remse geprägt wird (Abb. 38). Bereits 1787 lieferte der Gartenbaukondukteur Johann Bernhard Eichen einen Planriss von diesem äußeren Parkareal (Abb. 39). Beinahe unmerklich vollzieht sich hier der Übergang von der freien Natur in die schöne Landschaftsgestaltung. Nutzwert und ästhetischer Wert wurden besonders in diesem äußeren Parkareal als *Hortus oeconomcus* im Typus der ökonomisch orientierten *ornamental farm* glücklich miteinander verbunden.[38] So waren schon ursprünglich die von Gehölzgruppen umsäumten weiten Wiesenflächen für die Weidehaltung von Rindern und Schafen vorgesehen. Mehrere Teiche, so der **Sauteich** und **Schafteich**, dienten der Tierschwemme (Abb. 40). Hinweis auf agrarische Nutzung in diesem Parkteil geben auch die Pflanzungen von Obstgehölzen – heute meist Äpfel – mit denen der Eindruck einer Idylle friedlich-sittlichen Landlebens erweckt werden sollte, wie man es gemäß des neuen Naturgefühls zum Ausgang des 18. Jahr-

38   Vgl. THÜMMLER 2019, S.478-480.

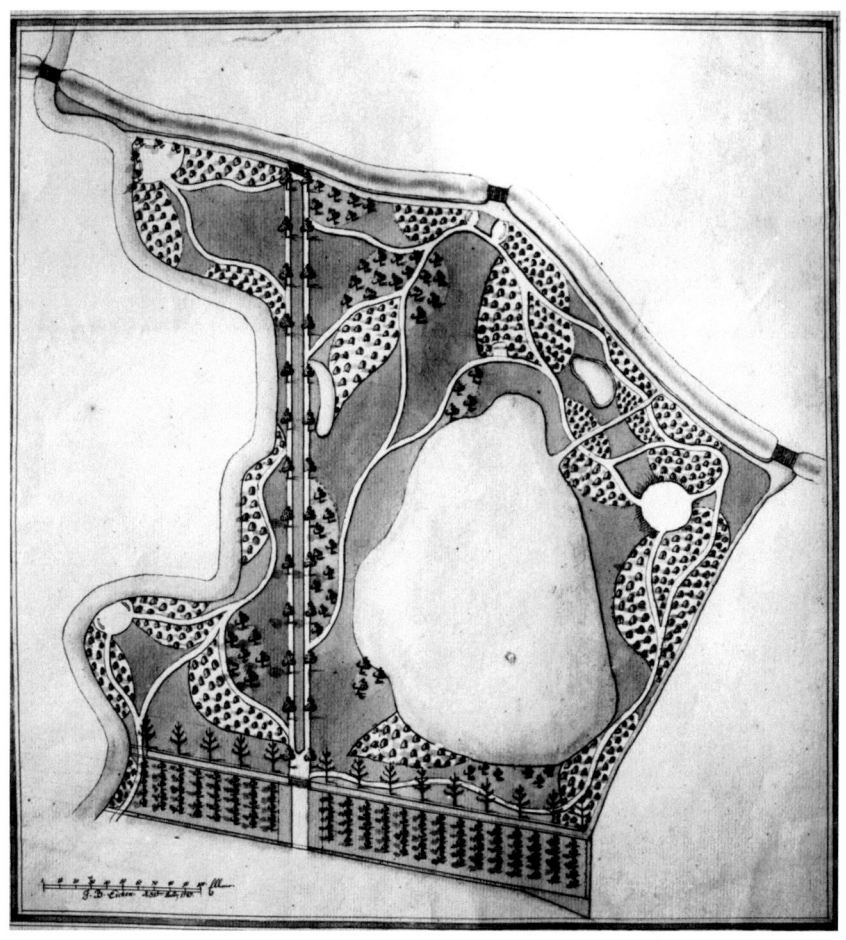

Abb. 39: Johann Bernhard Eichen: Waldenburg, Plan des Äußeren Parks von Greenfield in Waldenburg, 1787.

hunderts in breiten Bevölkerungskreisen anstrebte.

Vom Muldenufer aus führt eine alte **Kastanienallee** in den Park bis auf die Höhe des Sauteiches, der heute als Gondelteich genutzt wird. Die Möglichkeit der Bootsausleihe, verbunden mit gastronomischer Betreuung, ließen im 20. Jahrhundert das 4,2 ha große Gewässer mit einer Insel zu einem beliebten Naherholungsort mit volksparkähnlichem Charakter werden (Abb. 41). Unweit des Sauteiches entstand 1798 ein in schlichten Formen aber edlen Proportionen gehaltenes siebenachsiges Manufakturgebäude von zwei Stockwerken, welches der Kattunweberei und -druckerei, dem Färben und Bleichen, diente. Diese sogenannte Alte Fabrik (Abb. 42), eines der ältesten noch bestehenden **Manufakturgebäude** Westsach-

Abb. 40: Der Elisensee mit der Insel im Außenpark.

Abb. 41: Der ehemalige Sauteich und heutige Gondelteich.

Abb. 42: Das alte Manufakturgebäude (Alte Fabrik) von 1798.

Abb. 43: Steinerne Ruhebank im Außenpark.

sens überhaupt, wird längst als Wohnhaus genutzt. Seine Einbeziehung in den Außenpark weist wiederum auf das landschaftsgestalterische Prinzip einer ökonomischen Nutzung der ästhetisierten Natur nach dem Vorbild englischer *ornamental farms*. Doch wurde hier nicht nur das Thema ländlichen Lebens, die Milchwirtschaft und der Plantagenanbau von Obst angesprochen, vielmehr fanden auch die industrielle Revolution und damit proletarisierte Arbeitsformen in Gestalt eines Manufakturgebäudes Einzug in den Landschaftsgarten, der so seinem idealen Anspruch auf ein universelles, liberales Weltmodell gerecht zu werden suchte. Eine Harmonisierung zwischen notwendiger Arbeit und dem Bedürfnis nach Erholung wurde mit der Parkgestaltung angestrebt. Die Aufstellung schlichter **Steinbänke** als Ruhesitze und Aussichtspunkte in die Landschaft sollten dieses Anliegen unterstützen. Wir finden sie deshalb u. a. auch in unmittelbarer Nähe der industriellen und agrarischen Produktionsbereiche – so etwa am Schafteich und am Eingang der alten Eichenallee unweit der Fabrik, von wo aus Einblicke in den Park ebenso möglich waren wie in die freie Landschaft mit Wiesen, Feldern, Alleen und Wäldern (Abb. 43).

Der Mittelpunkt des Gartenreichs: Ort herrschaftlicher Lustbarkeiten

Das Verbindungsstück vom Außenpark zum eigentlichen vorromantisch-sentimentalen Parkteil bildet die **Eichenallee** (1/1).[39] An ihrem Ende, an der Kreuzung des Weges zur Altstadt Waldenburg (49/51), der heutigen Grünfelder Straße, liegt der **Grünfelder Teich** (12/12). Ihm genau gegenüber befand sich ehemals der kleine **Welsche Garten mit Marstall** (3/3); ein ausgegrenztes Gartenrevier, in dem, wie schon der Name sagt (welsch = romanisch, französisch), der französische Gartenstil noch beibehalten wurde. Die plantagenartige Anlage von Obstbäumen und kleinteiligen Beeten nach geometrischen Grundmustern wie auch seine Ausrichtung auf das Marstallgebäude im Zentrum kennzeichneten seine Gestalt eher als Wirtschaftsgarten denn als Lustort, obgleich in ihm beschnittene Weißbuchenhecken als Wandelgang dienten sowie pyramiden- und kugelförmige Bäume an den Eckpunkten sein Aussehen prägten. In unmittelbarer Nähe des als Schloss (2/2) bezeichneten Gutes gelegen, mag diese Anlage ein Überbleibsel vom Vorbesitzer gewesen sein. Mit der Beibehaltung der französischen Anlage oder aber ihrem Aufgreifen sollte wohl auch an die alten hierarchischen Ordnungsprinzipien feudalabsolutistischer Macht erinnert werden. Doch weist die geringe territoriale

---

39   Die Nummerierung bezieht sich auf die Gartenpläne von 1795/1813. Vgl. hier S. 110 -116.

Abb. 44: Unbekannter Künstler: Otto Victor I. Fürst von Schönburg-Waldenburg, um 1825/30, Öl/Lw.

Ausdehnung dieses französischen Gartenteils eher auf entwicklungsgeschichtliche Aspekte der Gartenkunst, die hier anschaulich gemacht werden sollten. Gerade der historische Entwicklungsgedanke, die Erkenntnis der stufenweisen Vervollkommnung menschlicher Kulturerzeugnisse aus Ur- bzw. Keimformen spielten aus bildungsdidaktischen Gründen in der Landschaftsparkgestaltung eine bedeutsame Rolle. Beliebt war u. a die Nachzeichnung des Entwicklungsgangs der menschlichen Behausung von der Höhle über die Hütte bis hin zum prachtvollen Lustschloss. Ein ähnliches Prinzip der anschaulichen Vermittlung bestimmter Bildungs-

Abb. 45: Das einstige Ökonomiegebäude und heutige Hotel und Restaurant „Grünfelder Schloss".

inhalte verband sich ebenso mit den Brückenprogrammen in englischen Parks, wie sie aus den Wörlitzer Anlagen bekannt sind.[40] Danach sollte die Gestaltung der einzelnen Brücken nicht nur abwechslungsreich sein, sondern mit pädagogischer Absicht auch auf verschiedene Entwicklungsvarietäten aufmerksam machen. Auch in Grünfeld fanden diese Vorstellungen Eingang. Eine **Altgothische Steinbrücke** (46/48) überspannte beispielsweise im unmittelbaren Vorfeld des Lustschlösschens direkt neben der **Englischen Brücke** (11/11) den **Oberwinkeler Bach** (42/-), der das gesamte Tal des Grünfelder Parks entwässert und optisch wie akustisch belebt.

Das **Schloss** (2/2) selbst war aus dem vorhandenen Bauerngut hervorgegangen und existiert heute nicht mehr. Klengels zeitgenössische Darstellung zeigt es als einen fünffachsigen Hauptbau mit einem Obergeschoss und steilem Satteldach. Neugotische Spitzbogenelemente verzierten filialenartig die Fensterverdachungen. Obwohl die Mittelachse des Gebäudes noch im Sinne barocker Bautradition als doppelstöckiges Triumphportal mit Balkon hervorgehoben wurde, zeigen sich bei diesem Bauelement die Formen ebenso vom modernen neugotischen Stil geprägt. Das Gut selbst bewahrte auch im Grundriss noch die alte baro-

---

40   Vgl. HIRSCH 1985, S. 217-221.

Abb. 46: Das Teehaus von 1844/46 im italienischen Landhausstil im Grünfelder Park.

cke Dreiflügelanlage feudaler Herrschersitze und lässt auf dieser Bedeutungsebene gleichfalls die widersprüchliche Vermischung von altem
und neuen Gedankengut in den Grünfelder Anlagen erkennen; gleichwohl ist aus der Struktur des Grundrisses der Fortbestand des ursprünglichen Dreiseit-Bauernhof abzulesen, aus dem die Gebäudegruppe des
Schlosses hervorgegangen ist. Demnach dürfte sich die Fortdauer alter
Baustrukturen aus ökonomischen Zwängen erklären, der die Nachnut-
zung bereits vorhandener Bausubstanz geraten erscheinen ließ. Von der
Gartenseite des Schlosses eröffnete sich der Blick auf den Außenpark
zum **Elisensee** (9/9). In der Ferne waren weiterhin Waldenburg und das
Residenzschloss zu erkennen, während den Vordergrund der angestau-
te Oberwinkeler Bach in einem halbmondförmigen Becken ausfüllte.
Zum unmittelbaren Bereich des Schlösschens gehörten außerdem noch
die wenige Meter westlich liegende **Küche** (4/4) und die **Schweizerei**
(5/5), auch Ökonomiegebäude genannt, sowie die südöstlich des Welschen Gartens liegende **Scheune** (6/6) mit „Kirchen-Abtierung" (sic!),
was wohl soviel wie Anpassung bedeuten sollte, denn das Gebäude zier-
te ein kleines Türmchen, durch den der Wirtschaftsbau äußerlich einem
Sakralbau angeglichen werden sollte (vgl. Abb. 29).[41] Auf diese Weise ver-

41   Vgl. SCHMIDT 1931, S. 86.

banden sich unmittelbar am Lustort des Schlösschens mit den dortigen Bauwerken Assoziationen der profanen, irdischen Welt mit jenen vom sakralen, auf das Jenseits gerichtete Leben. Es entsprach dies einer weltanschaulichen Denkweise Otto Carl Friedrichs und seiner Gemahlin Henriette, die gemeinsam in den religiösen Traditionen herrnhutischen Pietismus erzogen worden waren und diese lebenslang pflegten. Beide hatten sie ihren Lebenswandel auf christliche Werte und Tugenden gerichtet, sodass dieser Aspekt selbst an Orten ländlichen Vergnügens nicht unterdrückt, vielmehr sogar betont wurde, indem diese Gebäude alle mehr oder weniger im ‚gothischen Geschmack‘ verziert wurden. Gleichwohl dienten diese Bauten in erster Linie der sommerlichen Hofhaltung des Fürsten und seiner zahlreichen Gäste, die hierher Lustreisen unternahmen, um die Idylle des natürlichen, freien Landlebens zu genießen. Der Gottesdienst blieb hingegen auch weiterhin den eigentlichen sakralen Orten Waldenburgs, der Kirche und der Schlosskappelle, vorbehalten; hier in Greenfield sollte lediglich beim ländlichen Vergnügen mit der kirchenartigen Scheune nur die Erinnerung an die religiöse Verankerung allen Seins in Gott wachgehalten werden. Auch ein großes **Behältnis für Seidenhasen** (7/7), also Angorakaninchen, und ein auf acht Säulen stehender **Parasol** (14/14) mit ostindischer Malerei dienten den ländlichen Freuden im unmittelbaren Hofbereich. Wenig später wurden diese Lustbarkeiten noch durch ein Vogelhaus und ein Karusell, d. h. eine Reitschule mit großen Holzpferden, ergänzt[42] – Anlagen also, die auch in Hirschfelds Gartentheorie empfohlen wurden. Dem schönburgischen Gärtner war es dabei erlaubt, bei Abwesenheit der Herrschaften selbständig Gesellschaften zu bewirten und ihnen die Vergnügung in den Parkanlagen zu gestatten. Auf diese Weise blieb selbst dieser engere herrschaftliche Nutzungsbereich in gewissen Grenzen der Öffentlichkeit zugänglich; ein Phänomen neugewonnener Liberalität, wie sie von den Gärten der britischen Insel auch auf das europäische Festland ausstrahlte. Schon dort lockten ähnliche jahrmarktartige Attraktionen ein breites Publikum an, so dass wir hierin eine Keimform der Idee der späteren Volks- und Vergnügungsparks erkennen können.

Als im ersten Drittel des 19. Jahrhunderts das Bauerngut samt umgebender Lustbarkeiten baufällig geworden war, ließ sie der Sohn Otto Carl Friedrichs, Fürst Otto Viktor I. (1785–1859) (Abb. 44), in den Jahren 1841/42 abreißen, nachdem er schon ab 1838 im Bereich des Gutshauses Bestrebungen zur Verbesserung der Anlagen in Angriff genommen hatte. Lediglich die Ökonomiegebäude der **Schweizerei** (5/5) – heute als Ausflugslokal genutzt – blieben vom Abriss verschont (Abb. 45). Auf

---

42   Vgl. SCHMIDT 1931, S. 106; ZIEGER 1962, S. 3.

Abb. 47: Porträtfoto der Prinzessin Sophie Helene Cecilie zu Wied Fürstin von Albanien, geb. Prinzessin von Schönburg-Waldenburg.

Abb. 48: Christian Gottlieb Geyser nach Christian Friedrich Schuricht: Entwurf zu einem Monument für Christian Ludwig von Hagedorn, 1780.

Abb. 49: Der Porphyr-Brunnen am Teehaus zu Grünfeld.

den Platz der ehemaligen Hofküche ließ er als Ersatz des Lustschlosses zwischen 1844 und 1846 das **Teehaus** im italienischen Landhausstil mit Freitreppe, Terrasse, Loggia und Turm errichten (Abb. 46). Das Gebäude diente zwischen 1907 und 1936 wiederholt der Fürstin Sophie von Albanien (1885–1936) (Abb. 47)[43], einer Schwester des letzten regierenden Fürsten von Schönburg-Waldenburg, als zeitweilige Residenz während ihrer Besuche in der Heimat. Ein **Brunnen** aus rotem Rochlitzer Porphyr (Abb. 49) bereichert bis heute dieses Bauensemble im Ausdruck idyllischen Landlebens. Dessen Baumeister ist uns allerdings unbekannt geblieben. Doch weist er eine große Übereinstimmung – wenn auch in einer weitaus schlichteren Formensprache - mit jenem Monument auf, das Hirschfeld „*Hagedorn, den Bruder des Dichters, dem scharfsinnigen Kunstgelehrten und den glücklichen Künstler, der die Schönheit der Natur und der Landschaftsgemälde so gründlich zu entwickeln wußte*" (Abb. 48), gewidmet hatte und nachweislich auf

---

43   Vgl. SOPHIE VON ALBANIEN, 2007; GÖTZE 2009.

Abb. 50: Die Schienen der Muldentalbahn durchkreuzen den Weg zum Innenpark von Grünfeld.

Schurichts Entwurf beruht.[44]

Der Innenpark: Das Herzstück der Anlagen von ‚Greenfield' als Hortus didacticus

Von diesem Ort führt eine kurze gerade Allee prächtiger Linden zum Eingang des eigentlichen intimeren Parkbereichs, in dem die Aneinanderreihung diverser Landschaftsszenerien oft gegensätzlichen Charakters dazu diente, beim Betrachter während des Spaziergangs in ihm die verschiedensten Assoziationen zu erwecken, die geeignet waren, reflexiv auf das Beobachtete zu reagieren und diesen Landschaftsausschnitt als eine ideale Wunschwelt paradiesischen Charakters zu begreifen. Neben Elementen didaktischer Bildungsmomente, die er dabei durch Verbindungen mit der Metaphorik vor allem der antiken Mythologie, der christlichen Heilslehre, freimaurereischer Mystifizierungen oder ostasiatischer Philosophie gewann, lösten die gegensätzlichen Natureindrücke zugleich auch divergierende Empfindungen aus, die den Parkbesucher durch das zugrunde liegende didaktische Programm im Sinne der Ästhetik Burkes nicht nur didaktisch

44   HIRSCHFELD 1779-1785, hier: Bd. III, 1780, S. 149 (mit Taf. III).

Abb. 51: „Der stillen Naturfreude" - Das Tor zum Innenpark.

führten, sondern ebenso in abwechselnde Stimmungslagen versetzten.[45] Mit Recht kann dieser Parkteil mit seinen einst zahlreichen Bauwerken und Monumenten als eine Art Lehrpfad oder *Hortus didacticus* betrachtet werden.[46] Seit dem 1. Mai 1875 wird diese zum Innenpark führende Lindenallee von der eingleisigen Strecke der **Muldentalbahn** gekreuzt (Abb. 50), die Glauchau mit Penig und Großbothen verbindet und seither den Park auch organisch in zwei Hälften zerteilt, inzwischen aber wieder ohne Eisenbahnverkehr ist. Westlich der Lindenallee befand sich ursprünglich eine kniende **Statue** (13/13) in einem kleinen Wiesenrondell, von der sich aber keine Spur mehr findet. Auch das etwas weiter südöstlich liegende Areal des in einzelnen Beeten angelegten **Küchengartens** (17/17) ist längst in den natürlichen Landschaftspark aufgegangen, ohne Spuren zu hinterlassen. Dagegen steht noch rechts davon die **Ruine** (18/18) am Ende der Lindenallee als Eingangspforte in den Innenpark und trägt das Grünfelder Gartenprogramm als Inschrift: „*Der stillen Naturfreude*" (Abb. 51). Dieses aus Rochlitzer Porphyr gefertigte Rundbogenportal in Renaissanceformen entstammt dem hinteren Schlossteil des

---

45   Vgl. VOGEL 1987.
46   Vgl. THÜMMLER 2019, S.478.

Abb. 52: Entwurf zu einem großen steinernen Gartentor.

1619 abgebrannten alten Waldenburger Schlossbaus. Im März 1786 wurde es hierher als ,Ruine' versetzt. In Form einer bildhaften Gartenstaffage gewinnt diese Ruine den Wert einer Spolie, deren heroischer Ausdruck auf die lange geschichtliche Wirkung des Geschlechts der Schönburger in dieser Region verweist. Stärker aber noch ist die Ruine als pittoreskes Monument zu sehen, dessen melancholischer Stimmungsgehalt den Gedanken der Vanitas – den Sieg der Natur über das leicht vergängliche Werk des Menschen – wachruft. Die Widmung „Der stillen Naturfreude" lässt diesen Aspekt programmatisch gegenüber der Absicht einer historischen Legitimation des Herrschergeschlechts in den Vordergrund treten, zumal damit Bezug zu vergleichbaren Eingangssituationen englischer Parks genommen wurde: so fühlt man sich an die Portale im Garten zu Stowe erinnert, deren Vorbildlichkeit Hirschfeld in seiner „Gartentheorie" preist (Abb. 52)[47], die aber möglicherweise Otto Carl Friedrich von Schönburg selbst im Original auf seiner Englandreise gesehen haben mag. Seine heutige Gestalt, die nichts mehr vom ruinösen Zustand des alten Schlosstores erkennen lässt, erhielt das triumphbogenhafte Bauwerk aber erst zu Zeiten von Otto Viktor I., der es 1844 reparieren und ergänzen ließ, wobei sein ursprünglicher Bedeutungsgehalt leider weitgehend verloren ging. Rechts vom Hauptweg biegt eine kleine **Steinbrücke** (Abb. 53) ab, die in ihrer Schlichtheit einem Vorbild aus Hirschfelds „Gartentheorie" nicht unähnlich ist (Abb. 54). Sie führt auf eine vom Oberwinkeler Bach umflossene Insel, auf der einst ein **Japanischer Parasol auf acht Säulen** (19/19) stand. Er gehörte zu jenen Staffagen der Mode ,anglo-chinois', die vom Einfluss William Kents (1685–1748) und William Chambers (1723–1796) inspiriert worden war und die auf dem europäischen Kontinent eine breite Nachfolge gefunden hatte. Heute lässt sich von dieser garten-

47   Vgl. HIRSCHFELD 1779/1785, hier: Bd. III, S. 125.

Abb. 53: Steinbrücke zur Insel mit dem Postament.

Abb. 54: Kleine Brücke, die zugleich als Ruhesitz dienen kann.

Abb. 55: Postament für die einstige gusseiserne Vase aus Lauchhammer-Eisenkunstguss.

Abb. 56: Johann Gottlob Samuel Stamm nach Johann Christian Klengel: Das Garten- und Badehaus im Park Grünfeld, um 1795, kolorierter Stich.

Abb. 57: Das Badehaus im Grünfelder Park, Ansichtskarte von 1907.

Abb. 58: Das Badehaus im Grünfelder Park.

historischen Orientierung, die sich mit der freimaurerischen Vorstellung vom *ex oriente lux* aus dem *Ewigen Osten* verband[48], im Grünfelder Park nichts mehr finden. Anstelle des japanischen Parasols steht nun ein quaderförmiges **Postament** (Abb. 55), das nach dem Verlust der ostasiatischen Gartenszenerie eine gusseiserne Vase in antikisierenden Formen trug.[49] Ihre figürlichen weiblichen Darstellungen waren vermutlich Diana, der Göttin der Jagd, geweiht. Aber auch dieses Werk des Eisenkunstgusses aus der Gießerei in Lauchhammer hat nicht die Zeiten überdauert. Von diesem Standort aus eröffnet sich die herrliche Sichtschneise über einen kleinen Wiesenplan hin zum **Badehaus** (22/22; Abb. 56)[50], das sich im Stil des Klassizismus präsentiert.

In seiner künstlerischen Qualität gehört dieses kleine Bauwerk nicht nur zu den bedeutendsten Gartenarchitekturen des Grünfelder Parks, vielmehr kann es überhaupt zu den besten seiner Art in dieser Zeit gezählt werden. Dieser tempelartige Pavillon, der sich auf einem hohen Sockel erhebt, ist architektonisch reich gegliedert. Aus einer rustizierten Kubenform springt gleichfalls ein rustizierter Risalit hervor, dem ein viersäuliger Portikus in ionischer Ordnung vorgelagert wurde und zu dem eine dreistufige Freitreppe führt (Abb. 57, 58). Die heutige schieferfarbene Verputzung der Fassade soll laut Befund des Denkmalpflegers Heinicke schwarzen Wildenfelser Marmor imitieren, doch scheint der Bau in den 1790er Jahren noch weiß geputzt gewesen zu, wenn man der Dokumentation von Klengels Gemälde und Stamms Radierung Glauben schenken darf.[51] Das dreiachsige, eingeschossige Bauwerk zeigt in den Segmentbögen der Fenster und Türen jeweils antikisierende Figurenreliefs, die thematisch mit Amors Wirken in Zusammenhang stehen (Abb. 59 bis 66).[52] In dieser Hinsicht korrespondieren diese Darstellungen mit der Zweckbestimmung des Baues, den, wie die Inschrift am Gebälck der Attika besagt, Otto Carl Friedrich seiner geliebten Gemahlin Henriette geweiht hatte: „HENRICAE CONJ(VGI) OPT(IMAE) D(AT) D(ONAT) D.

48   Vgl. VOGEL 2019A, S. 97-112.
49   Vgl. SCHMIDT 1925, S. 167.
50   Vgl. THÜMMLER 2019, S. 491-496.
51   Zur Kontroverse über die einzigartige Farbigkeit des Grünfelder Badehauses vgl. auch: THÜMMLER 2019, S. 494-495. Die kompletten Unterlagen der Einsprüche und Gutachten zur „falschen" Farbgebung des Badehauses, die für die Zeit der empfindsamen Landschaftsgärten ein Unikat darstellen würde, befinden sich in der Hand von Frau Dr. Alexandra Thümmler, Waldenburg. Vermutlich beruhen die schwarzen Partikel der originalen Putzbefunde auf Sulfidierungsreaktionen durch „sauren Regen", der Schwefelsäure enthält und zu derartiger Färbung geführt haben könnte (freundlicher Hinweis von Herrn Dr. habil. Arnd-Rüdiger Grimmer, Berlin, Chemiker).
52   Die ikonographischen Deutungen THÜMMLERS 2019, S.638-639, Abb. 59 bis Abb. 66 sind größtenteils nicht zutreffend, da bis auf Abb. 62 übersehen wurde, dass es sich bei dem kleinen geflügelten Protagonisten um den schalkhaften Amor-Knaben handelt, der die Attribute anderer Gottheiten geraubt hatte, um sich ihrer als Werkzeuge für seine Verführungskünste zu bedienen. Vgl. MINCKWITZ 1856, Lemma „Amor", S. 44-48, hier S. 46.

Abb. 59: Amor in einer Quadriga über die Wolken fahrend

Abb. 60: Amor, einen Hippokampos reitend

Abb. 61: Amor, von einem Taubenpaar über die Wolken gezogen

Abb. 62: Zwei Amoretten segeln über das Meer auf einem Floß und auf einem Fisch

Abb. 63: Amor in einem Kampfwagen von einem Löwen und einem Ziegenbock gezogen

Abb. 64: Ein nackter Mann entwendet einer Badenden das Badetuch, vermutlich Zeus und Hera vorstellend

Abb. 65: Bacchusknabe mit einem Weinlaubkranz auf einem Esel stehend, den er bekränzt, von seiner Ziehmutter Ino liebkost

Abb. 66: Amor, die Leyer schlagend, auf einem Löwen reitend

OTTO" (Übersetzung: Otto schenkte es seiner besten Gattin Henriette). Über den Schöpfer der Basreliefs in den Lünetten der Fenster und Türen gibt es keine Überlieferungen. Betrachtet man die künstlerischen Dokumentationen Klengels und Stamms von diesem Bauwerk, dann fällt auf, dass sich an diesen Stellen ursprünglich keine Lünetten, sondern stehende Ovale mit Basrelief in der Art der Jasper Ware von Wegdewood befanden. Vermutlich waren sie in ihrer Konsistenz nicht lange haltbar, weshalb sie schon bald durch neue, nunmehr lünettenförmige Reliefplatten ausgetauscht werden mussten.[53] Da es sich beim Material dieser Platten nicht um Marmor oder Alabaster handelt, sondern um eine Art Stuckatur mit tonfarbigen Einsprengseln, kann angenommen werden, dass es sich hier um jene künstlerischen Arbeiten handelt, die der seit 1790 im benachbarten Altenburg ansässige Carl Friedrich Doell (1765–1845) – Bruder des Gothaer Hofbildhauers und Professors der dortigen Kunstakademie – anpries. So auch 1794 im *Bürgerlichen Baumeister*, wo zu lesen war: *„Verzeichnis der Statuen, Büsten und Vasen, welche bey dem Herrn Hof-Bildhauer Doell in Altenburg von weissen gebrannten Thon für die beygesetzten Preisse in Louisd' or á fünf Thlr. zu haben sind und sowohl zur Verzierung der Zimmer, als zum Aufputz der Gärten gebraucht werden können."*[54]

Schon seit 1790 hatte der ältere Bruder Doells – Friedrich Wilhelm Doell (1750–1816) – gemeinsam mit dem Weimarer Hofbildhauer Gottlieb Martin Klauer (1742–1801) wiederholt im *Bürgerlichen Baumeister „[...] schön geformte Gefäße von gebranntem Thon um einen verhältnismäßig geringen Preiß, welche sehr gut in Gärten und an andern niedrigen Orten, [...] gebraucht werden können"*[55] auf den Verkauf von Repliken seiner eigenen Werke aus weißer Erde aus Altenburg aufmerksam gemacht, die er zuvor schon einmal für andere Auftraggeber ausgeführt hatte und nun in ‚industrieller Fertigung' wiederholte, um die große Nachfrage nach der-

---

53 Bei diesen ursprünglichen hochovalen Reliefplatten könnte es sich durchaus um Stuckarbeiten nach Entwürfen von Adam Friedrich Oeser gehandelt haben, zumal die Stuckaturen im Innenraum des Badehauses mit dem Fries von Widder- bzw. Stährköpfen jenen Dekorationen ähneln, die Christian Unger nach dem Entwurf von Adam Friedrich Oeser 1771/72 im Festsaal des benachbarten Wolkenburger Schlosses angebracht hatte. Dort ließ Detlev Carl Graf von Einsiedel die spanischen Stährköpfe in das allegorische Raumprogramm des Festsaals mit aufnehmen, um auf sein eigenes Mitwirken bei der Einfuhr der spanischen Merinoschafe nach Sachsen zur Förderung des Wiederaufbaus der Landesökonomie nach den verheerenden Verwüstungen im Siebenjährigen Krieg aufmerksam zu machen. Vgl. VOGEL 2019A, S. 253. Zugleich verkörpert der Widderkopf die Stärke des Geistes und symbolisiert damit einen wichtigen Aspekt der Verstandes-Ideologie der Aufklärungszeit, der sich Otto Carl Friedrich als aufgeklärter Fürst ebenso verpflichtet fühlte wie der physiokratischen Förderung der Merino-Schafzucht in den Schönburgischen Landen.

54 Schmidts bürgerlicher Baumeister. Des zweyten Theyls zweytes Buch. Gotha 1794, zitiert nach: RAU 2003B, S. 73.

55 Ibidem, S. 71.

artigen Artikeln leichter befriedigen zu können, zumal er sie wohlfeiler anbot, als konkurrierende *„englische Fabrikarbeiten"*. Ob es sich bei den Basreliefs um Arbeiten vom Gothaer oder vom Altenburger Hofbildhauer Doell oder aber von Adam Friedrich Oeser handelt, wie Alexandra Thümmler vermutet[56], müssen weitere Untersuchungen noch klären helfen. Fest steht, dass sie mit ihrer Amor-Ikonographie den ikonologischen Vorgaben des Fürsten folgten und im metaphorischen Gewand der griechisch-römischen Antike ein Loblied auf die Gattenliebe darstellten bzw. auf die Allmacht des Liebesgottes verwiesen. Eine vergleichbare Programmatik begegnet uns im Programm der Plafondmalerei für das „Mondscheinzimmer" im nahe gelegenen Wildenfelser Schloss, die Christian Leberecht Vogel wenige Jahre zuvor für Friedrich Magnus I. Graf von Solms-Wildenfels gefertigt hatte.[57]

Am Badehaus sind es acht Reliefplatten, von denen sechs den römischen Amor bzw. griechischen Eros – den Gott der Liebe – thematisieren. Eine der Tafeln bezieht sich auf die Funktion des Gebäudes und zeigt eine erotische Entkleidungsszene, die vermutlich Zeus und Hera vorstellt (vgl. Abb. 64).[58] Ein weiteres Relief ist dem kleinen Bacchusknaben gewidmet: dem Gott des Weins und Helfer des Amors. Auf einem Esel oder Pferd stehend[59], wird er – einen Kranz aus Weinlaub um den Hals des Esels hängend – von seiner Ziehmutter Ino liebkost, der Schwester seiner leiblichen Mutter Semele, die der Rache der Göttin Hera/Juno aus Eifersucht wegen des Fehltritts ihres Gemahls Zeus/Jupiter zum Opfer gefallen war. In der Bekränzung des Esels mit einem Weinlaubkranz ist vermutlich eine Anspielung auf die Torheit gemeint, die der Esel verkörpert und die jenen als Warnung gilt, die sich zu sehr dem Trank des Weines hingeben, bis sie im lustvollen Rausch die Kontrolle über sich verloren haben und als Toren erscheinen. In der Lünette über der Eingangstür des Badehauses wurde der in einer Quadriga über die Wolken dahinfahrende Amor (vgl. Abb. 59) platziert. Triumphierend hält er mit seinem vierspännigen Streitwagen Einzug in den Götterhimmel: Hinweis auf die bezwingende Allmacht dieses kleinen Gottes! Im Uhrzeigersinn von dieser Szene befindet sich links die Darstellung des Amor auf einem Hippokampus – einem altgriechischen Fabelwesen – reitend (vgl. Abb. 60), das vorn Pferd und hinten Fisch ist und das verschiedenen Meeresgöttern als Zug- oder Reittier dient. Manchmal trägt es im Vorderteil Flügel und sein Hinterteil ist meist mit Rückenflossen ausgestattet und zeigt einen einge-

---

56 Vgl. THÜMMLER 2019, S. 638-639.
57 Vgl. VOGEL 2017, S. 79-99.
58 Vgl. THÜMMLER 2019, S. 639, Abb. 64.
59 Der Esel gehörte zum Gefolge der bacchantischen Züge. Vgl. MINCKWITZ 1856, Lemma „Bacchus", S. 95-103, hier s. 103.

Abb. 67: Amor, die Leyer schlagend, auf einem Löwen reitend, nach einem antiken Relief.

rollten Schwanz, wie den einer Schlange. Wenn Amor dieses Seeungeheuer reitet, so zeigt er damit an, dass er nicht nur die Lüfte, sondern auch die Meere, also letztlich Himmel und Erde beherrscht. Auf der dritten Reliefplatte sehen wir den kleinen Amor als Bigarius – den Lenker einer Biga, eines zweispännigen Streit- oder Triumphwagens – der hier von einem Taubenpaar, den Attributen seiner Mutter, der Liebesgöttin Venus, gezogen wird (vgl. Abb. 61). Das Bild bestätigt abermals die Macht des Amor als ‚Weltenherrscher‘. Im nächsten Lünettenrelief begegnen wir zwei kleinen Amoretten, den gleichgestalteten Brüdern des Liebesgottes, die über das Meer schwimmen (vgl. Abb. 62): der eine mit gebähtem Segel auf einem Floß, der andere mit dem Liebespfeil in der Hand auf dem Rücken eines Fisches.

Wir dürfen diese Szene wohl als eine Anspielung auf die Unwägbarkeiten der Liebe verstehen, mit denen man rechnen muss, wie mit der Unwägbarkeit des menschlichen Schicksals auf hoher See. Im nächsten Bild erscheint Amor bewaffnet mit dem Thyrsos, dem Rebenstab, den Amor dem Weingott Bacchus geraubt hatte. Abermals tritt er als Bigarius – als Lenker eines Kampfwagens – auf. Doch dieses Mal wird er von einem Löwen und einem Ziegenbock gezogen (vgl. Abb. 63). Damit erleben wir den schalkhaften Götterknaben erneut als Weltenlenker, der alles unter sein Joch gebracht hatte, denn der geflügelte Gott, der mit Pfeil und Bogen sowie seinem Köcher operiert, hatte die Wirkung seiner goldenen und bleiernen Pfeilspitzen – die einen dienten der erfüllten, also erwiderten Liebe und die anderen stehen für die unglückliche, unerfüllte Zuneigung, die keine Erwiderung erfährt – zunächst an Tieren ausprobiert. Erst nachdem er die allgewaltige Kraft seiner Geschosse am Löwen und auch am Bock erforscht hatte, war er sich deren unterjochender Wirkung sicher und übertrug fortan den Abschuss seiner Pfeile auch auf den Menschen, um ihn damit unter seine Macht zu zwingen. Amors Triumph als Bändiger des Löwen, des Königs der Tiere, beschließt als letzte Relieflünette (vgl. Abb. 66) rechts von Eingang dieses ikonographische Programm des triumphierenden Amors als allmächtigen Sieger über die ganze Welt, der Tiere, Menschen und Götter beherrscht. Nach dem Vorbild einer antiken Darstellung (Abb. 67) schlägt Amor auf diesem Basrelief die Leyer, das Sinnbild der Künste. Sie dient ihm neben Pfeil, Bogen und Köcher als ein weiteres wichtiges Werkzeug, sich die Welt untertan zu machen. Für diesen in ausgewogener Proportionierung gehaltenen Pavillon palladi-

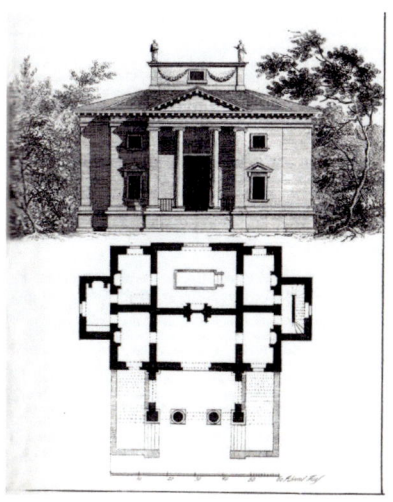

Abb. 68: Christian Gottlieb Geyser nach Christian Friedrich Schuricht: Entwurf zu einem Badehäuschen für einen „Sommergarten", Kupferstich.

Abb. 69: Christian Traugott Weinlig: Entwurf zu einem Pavillon, der dem Abend und der Freundschaft gewidmet ist, Kupferstich.

Abb. 70: Blick in die Kuppel des Grünfelder Badehauses.

Abb. 71: Der heute als Standesamt genutzte Innenraum des Grünfelder Badehauses.

anischer Grundstruktur mit ausgeschiedenem Dachausbau gibt es sehr ähnliche Vorbilder in Hirschfelds Gartentheorie[60] (Abb. 68, 69), so dass gelegentlich die Vermutung aufkam, die mit Hirschfeld eng zusammenarbeitenden Architekten Christian Friedrich Schuricht (1753–1832) (Abb. 7) oder Christian Traugott Weinlig (1739–1799) könnten auch im Grünfelder Park wirksam geworden sein. Archivalische Quellen zur Bestätigung diese Vermutungen gibt es nicht. Einst speiste eine Wasserkunst – eine sogenannte ‚Röhrenfahrt‘ – das Badehaus, dessen mittlerer, pantheonartiger Innenraum hellblau getüncht und mit weißem Stuck – u. a. einem Fries von Stährköpfen – verziert war (Abb. 70). Das um 1785 errichtete Gebäude diente nie zu Badezwecken, war vielmehr Ort kultureller Veranstaltungen. Im Juli 1799 fand hier die Hochzeitsfeier der ältesten Tochter Otto Carl Friedrichs, Jenny von Schönburg-Waldenburg, mit dem Erbgrafen zu Stolberg-Wernigerode statt. In der Gegenwart erfreut sich deshalb dieses Gebäude während des Sommers einer Nutzung als Standesamt (Abb. 71). Am Rande der Schlängelpfade zum Badehaus standen westlich des Wiesenplans um 1795 die Statue der Freundschaft und ein Monument, umgeben von dichtem Gebüsch. Beide Staffagen des sentimentalen Freundschaftskultes waren auf dem Gartenplan von 1813 schon nicht mehr eingezeichnet, so dass bereits damals ihr Verlust zu vermuten ist. Statt dessen erschienen auf jenem Plan

60   Vgl. HIRSCHFELD 1779/1785, hier: Bd. IV, 1782, S. 154 u. Bd. V, 1785, S. 21.

Abb. 72: Sphinx im Park zu Grünfeld, Vorderansicht.

Abb. 73: Sphinx im Park zu Grünfeld, Seitenansicht.

in unmittelbarer Front des Badehauses **zwei ägyptische Sphingen** (-/49), die dieses Areal als geweihten Bezirk markierten.[61] Auf Klengels Ansicht von 1790 bereits zu sehen (vgl. Abb. 24), scheinen diese Plastiken aus der Phase des Abschlusses des ersten Bauabschnitts in Grünfeld zu stammen (Abb. 72, 73). Ihre Aufnahme in das Parkprogramm könnte auf Inspirationen vom Dessauer Gartenreich beruhen, wo man seit ca. 1780 den Park des Georgiums durch ein ähnlich gestaltetes Sphingenportal betrat. Die Sphinx als geheimnisvolles Wesen diente schon in altägyptischer Zeit als Wächter von Tempeln und Totengrüften[62]; sie erlangte in diesem Sinne in der Freimaurerei ihre alte Bedeutung zurück, wie einem Gedicht „Die Sphinx am Tor" des aus der Dresdner Loge „Zum goldenen Apfel" stammenden Autors zu entnehmen ist:

„Geheimnisvoll und wunderbar
Hält treue Wacht am Tore
Das alte Sag' umwobne Paar
Mit off' nem Aug und Ohre.
Was suchst du Wanderer wohl hier?
So scheint ihr Blick zu fragen –
Verschlossen bleiben Tor und Tür,
Du mußt das Paßwort sagen!

Suchst du das Licht, das ewig brennt
In uns' rem Heiligtume,
Den Stein, den nur der Weise kennt,
Des Glückes blaue Blume?
Und ob auch schon die Mauern dir
Mit hohen Zinnen ragen –
Verschlossen bleiben Tor und Tür,
Du mußt das Paßwort sagen!

Die Welt hat d' rüber nachgedacht
Seit ungezählten Jahren,
Geforscht, gespottet und gelacht –
Und wird es nie erfahren.
Doch wem mit unbestoch `nem Sinn
Die Vorurteile schwinden,
Wer Liebe gibt und Treue hin –
Der wird das Paßwort finden!"[63]

---

61 Vgl. THÜMMLER 2019, S. 492.
62 Vgl. Lemma „Sphinx" in: MINCKWITZ 1856, S. 606-607.
63 RICHTER 1912.

Abb. 74: Der kleine Goldfischteich vor dem Badehaus.

Im Zuge der weiteren Umgestaltung dieses Parkbereichs gingen jedoch auch die beiden Sphingen verloren, die inzwischen durch Nachbildungen wieder ersetzt wurden. Zwischen ihnen befindet sich nunmehr ein **Wasserbecken** in rechteckiger Gestalt (Abb. 74), das als kleiner Goldfischteich genutzt wird, in dem sich zugleich die Fassade des Badehauses wirkungsvoll spiegelt. Vom Charakter eines Sommergartens, den einst dieses Parkareal geprägt hatte, da zwischen dem Buschwerk Sonnenblumen und hohe Blumenstauden wuchsen, lässt sich inzwischen nichts mehr erahnen.[64]

Längst verschwunden ist auch ein **Postament, auf dem eine Urne stand** (23/23), das sich gleich links vom Badehaus, schon auf der Anhöhe des Berges gelegen, befand. Das Urnenmonument bildete in seinem melancholischen Ausdruck den Kontrast zum Bereich der freundlichen Idylle, die im Sommergarten am Badehaus mit der Darstellung der Liebesgötter vorherrschte. Als *Momento mori* mahnte die Urne den Parkbesucher sich bewusst zu machen, dass selbst in idyllischen Gefilden der Tod herrscht und dass der alte Topos vom „et in Arcadia ego" auch in Grünfeld Gültigkeit besitzt. Diese Szene der Melancholie leitet vom lichten, farbenfrohen Sommergarten hinüber in den schattigen Bereich der dunklen ‚Wildnis' eines eingezäunten **Tiergartens** (27/27), dessen Zugang aus künstlich errichteter zyklopischer Felsenarchitektur aber nur der fürstlichen Familie

---

64   Vgl. HIRSCHFELD 1779/1785, Bd. IV., 1782, S. 150-154.

Abb. 75: Eingang zum Felsengang.

zum Zwecke des Jagdvergnügens offen stand. Zwar zeigt sich in der Tatsache der Einbeziehung eines Tiergartens ins Parkrevier noch ein Aufrechterhalten feudaler Jagdprivilegien, doch bedeutete andererseits solch ein Wildgatter für die Felder der angrenzenden Bauern zugleich eine spürbare Entlastung von Wildschäden, über die andernorts in Sachsen am Ausgang des 18. Jahrhunderts viel Klage geführt wurde. In diesem Sinne ist hier die fortschrittliche Tendenz der Rücksichtnahme gegenüber den Interessen der bäuerlichen Agrarwirtschaft, statt der regressive Aspekt der Beibehaltung herrschaftlicher Privilegierung, hervorzuheben. Der Zutritt zum Tiergarten erfolgte über einen unterirdischen **Felsen-**

Abb. 76: Felsenschlucht.

Abb. 77: Grotte zum Ausweiden des Wildes.

Abb. 78: Die am Felsenweg des Parks eingemeißelte Inschrift des Zutrittsverbots.

gang (25/25), der mit seinen großen Felsbrocken des aus dem nahen Wickersdorf herbei geschafften Knollengesteins gut zur Inszenierung eines heroischen Landschaftsbildes geeignet war (Abb. 75), das beim Besucher durchaus durch die schaurige Stimmung ein beklemmendes Gefühl zu erzeugen vermochte. Überall sollte in diesem bergigen Revier mit seinen **Felsschluchten** (26/-) (Abb. 76) und einer **Felsgrotte** zum Ausweiden des Wildes (20/20) (Abb. 77) der gartengestalterische Eindruck einer noch unberührten, romantischen Wildnis hervorgerufen werden. Auch die Erinnerung des Fürsten an seine Reiseeindrücke von den zerklüfteten Felstälern der Schweiz war mit der Einbeziehung dieser Felspartien beabsichtigt, wobei besonders die Assoziation an die alte Felsenstraße der Römer im Münstertal lebendig erhalten werden sollte.[65] Eine verschlüsselte Inschrift auf einem der großen Felsblöcke der Zyklopenmauer des grottenartigen Felsdurchbruchs lassen diese Absicht noch heute erahnen (Abb. 78).[66] Dort stand geschrieben:

1. Zeile: **ENTSTANDEN UF** (=auf) (letzter Buchstabe nicht lesbar)
2. Zeile: *GLAUCHAU* (Die beiden ersten AU sind eher als OR geschrie-

65 Vgl. SCHMIDT 1931, S. 97.
66 Vgl. SCHMIDT 1931, S. 98-99 u. 107.

Abb. 79: Blick auf die heutige Freilichtbühne.

ben, es könnte also auch als GLORCHAU transkripiert werden)
3. Zeile: **MDCCLXXXXVO** (= im 1795sten Jahr, lateinischer Ablativ)
4. Zeile: **OTTO KARL FRIEDRICH**
5. Zeile: **FURST von SCHOENBURGK**[67]

Gleichzeitig besagt deren Datierung von 1795 den Abschluss der Arbeiten in diesem Parkteil. Doch darf in diesem Zusammenhang auch die Erinnerung an die Riten der Freimaurer nicht fehlen, denen sich ja Otto Carl Friedrich eng verbunden fühlte. Entsprechend schuf er mit diesem unterirdischen Felsengang zugleich eine architektonische Metapher für den schwierigen Weg der Logenbrüder aus der Finsternis hin zum Licht, folglich aus der Unkenntnis hin zur Erleuchtung des Geistes.[68] Das **Tiergatter** existiert nicht mehr, die als **Steinbruch** (-/26) bezeichneten Fels-

---

67 Transkiption von Matthias Donath und Lars-Arne Dannenberg. Schmidt war zu einer anderen Lesart gekommen: „ANTRVM TAN[GERE] NOS[TRVM] N[OL]I. S[ENATVS] P[OPVLVS]Q. R[OMANVS] [ANNO] MDCCLXXXX QVINTO OTTO KARL FRYEDERICH FUERST von SCHOENBVRGK", was laut ihm heißen sollte: *„Wolle diese unsere Höhle nicht berühren. Der Senat und das Römische Volk haben verboten, daß dies geschehe. Im Jahre 1795. Otto Carl Friedrich Fürst von Schoenburgk."*, vgl. Ibidem.

68 Vgl. THÜMMLER 2019, S. 489-491.

77

Abb. 80: J. H. Ketzschau nach Wilhelm Wegner: Ansicht der Kirche von Oberwinkel, 1845, Lithographie.

blöcke bilden seit 1954 die reizvolle Kulisse einer hier eingerichteten kleinen **Freilichtbühne** (Abb. 79). Zugleich genießt man von diesem Punkt aus in südlicher Richtung den Ausblick ins Haupttal des Parks, in dessen Sichtachse links der Bergrücken mit dem **Triangular** (34/34) – jetzt Mausoleum – und rechts dem Turm der **Oberwinkeler Kirche** (44/-) (Abb. 80) auszumachen ist. Die Sichtschneise zur Kirche, die 1254 als Pfarrkirche erstmals erwähnt wurde, ist nunmehr verwachsen. Dadurch ist auch die ursprüngliche Bedeutungsebene dieses Blickfelds nicht mehr erkennbar, deren melancholische Szenerie den Betrachter zum Nachdenken über die eigene Bestimmung anregen sollte und die ihn gottesfürchtig auf das Jenseits verwies. Von der Gewissheit um die Vergänglichkeit und von Todesahnung künden dagegen noch jetzt die Überreste des zeitweilig von dichtem Laubwerk umwachsenen **Alexandersteins** (vgl. Abb. 22) unweit des Felsentores. Dieses **Denkmal des erstgeborenen Fürstensohnes** (28/28) zählt zum ältesten Denkmalbestand im Grünfelder Park. In seiner ursprünglichen Gestaltungsstruktur stellt er eine Mischung aus den Monumentenentwürfen von Adam Friedrich Oeser (vgl. Abb. 21) und jenem von Christian Friedrich Schuricht dar, das dieser für den Arzt, Naturforscher und Dichter Albrecht von Haller (1708–1777) zu Hirschfelds „Gartentheorie" (Abb. 81)[69] geliefert hatte. Doch auf dem ovalen Medaillon am von Festonen umrankten

---

69   Vgl. HIRSCHFELD 1779/1785, hier Bd. III, 1780, S. 148f., Tab. II.

Abb. 81: Christian Gottlieb Geyser nach Christian Friedrich Schuricht: Entwurf zu einem Denkmal für den Dichter und Arzt Albrecht von Haller, Kupferstich.

Säulenschaft ist hier die Inschrift *„Otto Alexander, dem Erstgeborenen, geb. 28. Aug. 1781, gestorben 27. Febr. 1782"* (Abb. 82) zu lesen. Auf diese Weise wurde das Denkmal für den naturverbundenen Dichter der Frühaufklärung in ein privates Monument familiären Gedenkens umgewandelt.
Gleich hinter dem Alexanderstein wechselt abrupt die Stimmungsszenerie vom beschaulich Melancholischem hin zum idyllisch Heiteren. Zur

Abb. 82: Denkmal des Erstgeborenen, Detail mit Inschriftentafel.

Finsternis schattigen Buschwerks im Bergpark tritt nun ein lichtes Wiesental in Kontrast. Stimmungsvoll hob sich hier das **Grünfelder Landhaus** (vgl. Abb. 27) von der düsteren Waldkulisse ab, dessen Ähnlichkeit mit Rousseaus Hütte im Park von Ermenonville (Abb. 83) auffällig ins Auge springt.[70] Obgleich vom persönlichen Besuch des nur 50 km von Paris entfernten Parks, den der Schriftsteller und Marquise René Louis de Giradin (1735–1808) (Abb. 84) – enger Freund des Philosophen und Aufklärers Jean-Jacques Rousseau – in den Jahren 1763 bis 1776 in seiner Domäne Ermenonville hatte anlegen lassen, nichts in den Aufzeichnungen von der Kavalierstour Otto Carl Friedrichs berichtet wird, könnte er vielleicht trotzdem den berühmten Park wenigstens flüchtig auf seiner Rückreise aus Frankreich gesehen haben. Aber selbst wenn dies wahrscheinlich nicht der Fall gewesen sein sollte, dann erfreute sich dieser weiträumige Landschaftspark mit einer Fläche von etwa 800 ha, in dem Rousseau seine letzte Ruhestätte gefunden hatte, solch großer Berühmtheit, dass zumindest eine literarische Kenntnis dieser Anlage durch den gartenliebenden Fürsten nicht ausgeschlossen werden kann. So erschien z. B. schon im September/Oktober 1776 in Paris im dritten Heft von Georges Louis Le Rouges (um 1707–um 1790) „Jardin anglo-chinois"

---

70   Vgl. THÜMMLER 2019, S.480, 646, Abb. 89.

Abb. 83: Rousseaus Hütte im Park von Ermenonville, Kupferstich, 1868.

eine ausführliche Darstellung dieses Gartens.[71] Und 1788 kam erneut in Paris mit der Publikation Promenade oder „itinéraire des jardins d' Ermenonville" eine noch viel umfangreichere Abhandlung über dieses Anwesen heraus, das mit 25 Stichen von ihren Hauptansichten versehen wurde, die von J. Mérigot (tätig 1772/1791) und dessen Söhnen gezeichnet und gestochen worden waren.[72] In ihnen fallen zwei Darstellungen auf – der „Temple Rustique" (Abb. 85) und der „L' Obelisque" (Abb. 86), die beide in Grünfeld in nur gering abgewandelter Form ebenfalls vom Fürsten umgesetzt wurden, so dass hier durchaus von einer direkten Beeinflussung durch das Vorbild Ermenonville ausgegangen werden kann, wie sie sich ohnehin in vielen anderen Parks Kontinentaleuropas, – darunter in Wörlitz mit seiner „Rousseauinsel" – beobachten lässt. Wir kommen am gegebenen Ort nochmals darauf zu sprechen. Wegen seiner holländischen Malereien im Innern wurde dieses **Lustsälgen** (29/29) im heiteren Gartenteil der Talaue mitunter auch als **Holländisches Land-haus** (vgl. Abb. 27) tituliert. Längst ist auch diese einfache Hütte aus Brettern und Balkenwerk mit Schilfdach verfallen, die einst als Sinnbild

---

71 Vgl. ROYET 2004, S. 108-109, Abb. 67-72 und S. 171, Abb. 222 (Cahier IX, 1781, pl. 15), S. 188-189, Abb. 267 (Cahier XIII, 1784, pl. 13).

72 Vgl. NIEDERMEIER/SEILER 2007, S. 108-201.

Abb. 84: Zuschreibung an Jean-Baptiste Greuze: Porträt von René-Louis de Girardin mit der Büste von Jean-Jacques Rousseau, nach 1776, Öl/Lw

des Lobpreises ländlicher Bescheidenheit und Natürlichkeit galt, wie sie von dessen philosophischen Hauptverfechter Rousseau als Rückkehr zur Natur und Natürlichkeit propagiert worden war. Im Mittagsgarten[73], im stechenden Sonnenlicht stehend, war das an bedürfnislose Bauernhütten

73   Vgl. HIRSCHFELD 1779/1785, Bd. V, 1785, S. 10-12.

erinnernde Gebäude zum Ausruhen vor der Ermattung durch mittägliche Hitze bestimmt. Umschattet vom Laubwerk des nahen Waldes, bot es dem müden Wanderer in seinem Innern als ‚*Tempel der Ruhe*' erquickende Labsal. Holländische Malereien, über deren Aussehen wir uns keine Vorstellungen mehr machen können, sollten dem Ruhenden ebenso die Zeit verkürzen helfen wie der Anblick prächtig blühender Stauden und Sonnenblumen im nahen Umkreis der Hütte. Natur und Kunst wurden so miteinander in Einklang gebracht und das Gefühl menschlicher Glückseligkeit, das sich alsbald in Anbetracht der Naturschönheiten einstellt, sollte auch durch das Sitzen auf der runden Ruhebank unter der großen schattenspendenden Eiche erzeugt werden, die dicht neben dem Landhäuschen stand und von der aus sich dem Rastenden das vielgestaltige Panorama des Parks im Zustand gedankenvoller Versunkenheit erschloss. Die nächste Station von hier aus bildet ein **„Brunnen, so aus dem Felsen hervorquillt"** (32/32), welcher dem Wanderer als Gesundheitsquelle willkommene Erfrischung bot. Die architektonisch in ein rundes Becken gefasste Waldquelle, die wegen ihrer Zugänglichkeit für Tiere auch **Hirschtränke** (Abb. 87) genannt wird, ist grottenartig überwölbt und wird von einer halbkreisförmigen Nische mit steinerner Ruhebank umfasst. Zwei kannelierte dorische Säulen stehen im Becken und tragen den Architrav mit breitem Zahnschnittfries. Ein Entlastungsbogen überträgt den Druck des aufliegenden Quadergesteins auf die seitlichen Stützpfeiler und den gewachsenen Fels. Auf dem Gebälk ist die Inschrift „*SALUTARI HYGIEAE DONO SACRUM*" eingehauen, womit der griechischen Göttin der Gesundheit als der Wasserspenderin dieser eisenhaltigen Quelle gehuldigt wird. Die Brunnengestalt erinnert in ihrer dorischen Wucht und Monumentalität an den Poseidon-Tempel zu Paestum, dessen Säulen gleichfalls zeitweilig vom Wasser umspült werden.[74] Schuricht hatte während seiner 1787 unternommenen Italienreise auch Paestum besucht, so dass sich mit der Gestalt dieses Gesundbrunnens abermals sein Name als den möglichen Schöpfer dieser Gartenarchitektur verbindet. Bei diesem vermutlich in der Spätzeit der ersten Entstehungsphase des Parks datierendem Bauwerk spricht sich im aufgezeigten direktem Antikenbezug bereits das neue Rezeptionsverständnis des reifen Klassizismus aus, der sich durch eine betonte Hinwendung zu geometrisierenden und gedrungenen Formen auszeichnet. In der damit verbundenen monumentalen Ausdruckskraft äußert sich ein neuer Rationalismus mit einem Hang zu übersteigerter Abstraktion, die in ihrem mathematischen Purismus als höchste Form von Natürlichkeit empfunden wurde. Sie entsprach zugleich einem Idealbild, das sich mit der freiheitlichen Kultur der Griechen aber auch

---

74   Vgl. SCHMIDT 1931, S. 104-105.

12.

TEMPLE RUSTIQUE.

Abb. 85: J. Mérigot: Der rustikale Tempel, Kupferstich, 1788, aus: Promenade ou itinéraire des jardins d'Ermenonville, Paris 1788.

L'OBELISQUE.

13.

Abb. 86: J. Mérigot: Der Obelisk, Kupferstich, 1788, aus: Promenade ou itinéraire des jardins d'Ermenonville, Paris 1788.

Abb. 87: Die Hirschtränke oder Gesundheitsquelle.

mit den Freiheitsidealen der eigenen Zeitgeschichte verband. In dieser
Assoziationskraft zeigt sich eine gewisse Parallelität zur Formensprache
französischer Revolutionsarchitekten. Durch die Anwendung dieser Ge-
staltungsprinzipien beim Bau einer Quelle, die überdies als Gesundbrun-
nen betrachtet wird, gewinnt der Staffagebau im Landschaftsgarten einen
doppelten Symbolgehalt: einerseits verweist die Brunnenfassung auf die

Abb. 88: Die Glänzelmühle im Grünfelder Park. Ansichtskarte von 1926.

freiheitliche Kultur verschiedener Zivilisationsideale und andererseits koppelt sich dieses soziale Element mit dem Naturgedanken, nach dem das ungetrübt aus der Natur hervorquellende Wasser ein ähnliches Mittel zur Gesundung der Menschen darstellt gleichwie die Freiheit als Bedingung einer gesunden Gesellschaft gewertet wurde. Ob allerdings solch doppeldeutige, nahezu revolutionäre Symbolik hier tatsächlich angesprochen wurde, kann nicht bewiesen werden.

Wenige Meter südöstlich stand im Sichtbereich des Brunnens eine **Urne** (33/33) in einem *Clump* von Bäumen, der inmitten des *Pleasure Grounds* des Haupttals erneut eine *Momento-mori*-Stimmung erzeugt. Von dieser Urne haben sich keine Relikte erhalten.

Noch weiter südlich bezeichnen steile Berge mit zutage tretendem Fels und einer **Grotte** (20/20) linkerhand das Ende des Tales. Hier, im oberen Park, am Fuße eines Abhangs und unweit des **Mühlenteiches** gelegen, befand sich das alte Gebäude der seit 1726 mit Wasserkraft betriebenen **Mahlmühle** (35/35), die bis 1936 im Besitz der Familie Glänzel war. Neben dem Mühlenbetrieb unterhielt die Müllerfamilie auch eine Schankwirtschaft und bot Quartiermöglichkeit an (Abb. 88). So tritt selbst im inneren Teil des Grünfelder Parkes zuweilen das Prinzip der Verbindung des ökonomischen Nutzwertes mit dem der Anforderung an ästhetisches

Abb. 89: Johann Gottlob Samuel Stamm nach Johann Christian Klengel: Das Dianenbad im Grünfelder Park. Um 1795, kolorierte Radierung.

Vergnügen und moralische Erbauung zutage, wie wir es schon im äußeren Parkbereich haben beobachten können. Später wurde die Mühle von einem Glauchauer Betrieb erworben, um darin ein Ferienheim einzurichten, bevor sie in ein Kindererholungsheim umgewandelt wurde, dessen Baustruktur mit der ehemaligen Oberwinkeler Mühle kaum noch Gemeinsamkeiten aufwies. Inzwischen hat hier ein Drei-Sterne-Hotel Einzug gehalten.

Auch das Parkareal in der unmittelbaren Umgebung der **Glänzelmühle** hat inzwischen einen starken Gestaltwandel durchgemacht. Vom kleinen Teich, an dem einst eine rohrgedeckte **Fischerhütte** als **Ruhesitz** (36/36) stand, ist heute ebenso wenig zu finden wie von dem einfachen Häuschen aus Latten und Brettern selbst. Es teilte das Schicksal mit vielen anderen Gartenstaffagen, die einst im Grünfelder Park der Verherrlichung des einfachen Landlebens gedient hatten. Auch vom **Springbrunnen** (37/37), der unweit dieser Fischerhütte in einem runden Bassin direkt am Hauptweg angelegt worden war, sind alle Spuren verwischt. Dieses Gestaltungselement aus dem geometrischen Gartenstil mag in diesem Parkteil fremd anmuten, doch bezog es seine Rechtfertigung aus der Thematik dieses Gartenareals, welches das Wasser in seiner vielgestaltigen Variationsbreite zum Inhalt hatte. So staffeln sich die Motive des Themas Wasser in didaktischer Absicht von der Gesundheitsquelle über die Wassermühle bis hin zur Fischerhütte, um schließlich im **Dianenbad nebst einem Pavillon mit vier Säulen** (38/39) (Abb. 89, vgl. Abb. 26) seinen gartenkünstlerischen Höhepunkt zu erreichen. Selbstverständlich wurden in diesem Kontext auch die natürlichen Vorkommensweisen des Wassers mit einbezogen, etwa der Bach mit dem **rauschenden Wasserfall** (39/40) und mehrere Teiche. Unter dieser Voraussetzung des Wunsches nach motivlicher Mannigfaltigkeit konnte natürlich die im Brunnen gefasste **Fontaine** als belebendes, pittoreskes Gestaltungsmoment sogar im Landschaftsgarten eine Daseinsberechtigung finden, wurde doch in diesem Fall der Zwang, die Naturkräfte unter die Ordnung menschlichen Willens zu stellen, als ein ästhetischer Ausdruckswert wieder anerkannt. Es verbirgt sich dahinter das Problem des inzwischen freien, d. h. nunmehr vorwiegend auf ästhetischen Voraussetzungen beruhenden Gestaltungswollens, hinter das die ursprünglich weltanschaulichen Aspekte des konsequent erweckten Eindrucks einer scheinbar naturbelassenen Landschaft in den Hintergrund trat. Der hier sichtbare Eingriff des Menschen in die Natur wurde durchaus als Zeichen der schöpferischen Umformung von Naturelementen durch Menschenhand akzeptiert. Damit lassen die von Otto Carl Friedrich Fürst von Schönburg-Waldenburg geschaffenen Anlagen im Grünfelder Park den Gebrauch konträrer Gestaltungsmuster erkennen. Eine derartige Gestaltungsweise entsprach bereits einem zunehmenden Verlust an weltanschaulicher Aussagekraft in der landschaftsgärtnerischen Gestaltung, die am Ausgang des 18. Jahrhunderts zunehmend in Erscheinung trat, um stärker Gesichtspunkten einer rein ästhetisch-künstlerischen Wirkung Rechnung zu tragen, die sich hauptsächlich vom Prinzip pittoresker Mannigfaltigkeit leiten ließ.

Ähnlich verhält es sich bei dem **Halbzirkel mit Brahm/Baum**(?) (-/38)[75], wo ganz bewusst eine Solitärpflanze (oder wohl eher eine Art Fahnenstange [?]) aus dem natürlichen Landschaftszusammenhang ausgegrenzt wurde, um einen einzelnen Landschaftspunkt zu betonen, von dem aus sich eine Sichtachse (41/42) zu den gestaltgebenden Höhepunkten dieses Parkteils ergab. Ähnliche ‚Ständer' (Abb. 90) wurden 1796 aus dem in Nordböhmen liegenden Park Schönhof (heute: Krásny Dvůr) des kunstliebenden Grafen Johann Rudolf Czernin von und zu Chudenitz (*9.6.1757 Wien, †23.4.1845 Wien) über das achte Heft des „Ideenmagazins für Liebhaber von Gärten, englischen Anlagen und für Besitzer von Landgütern [...]"[76], des Leipziger Professors für Philosophie, Johann Gottfried Grohmann (1763–1805), weithin bekannt gemacht. Es liegt nahe, dass sich Otto Carl Friedrich von den dort vorgestellten Vorbildern, die

---

75 Vgl. SCHMIDT 1931, S. 105. Vermutlich liegt ein Lesefehlers Schmidts vor, denn es steht in der Kartenlegende statt Baum das Wort „Brahm", womit vermutlich der aus dem Schiffsbau stammende Begriff „Bram" gemeint sein könnte, der die zweite Verlängerung des Schiffsmastes oberhalb des Marsstenges zur Aufnahme des Bramsegels diente. In diesem Sinne dürfte hier ein „künstlicher Baum" in Gestalt eines Art Fahnenmastes gestanden haben.

76 Vgl. GROHMANN 1796, Cahier 8, No. VI.

Abb. 90: Ideen zur Verzierung der Ständer an Teichen oder künstlichen Bassins am Chinesischen Pavillon im Park zu Schönhof, 1796, kolorierter Kupferstich.

Abb. 91: Christian Gottlieb Geyser nach Christian Friedrich Schuricht: Entwurf zu einem Denkmal für den Dichter Ewald von Kleist.

im Zusammenhang mit dem ‚Pavillon des chinesischen Glockenspiels' an einem künstlich aufgestauten Teich standen, inspirieren ließ, zumal sich dieses Werk in seiner eigenen Bibliothek befand.[77] Überdies liegt sogar eine persönliche Inaugenscheinnahme dieses attraktiven Parks durch den Fürsten in Nordböhmen nicht außerhalb der Möglichkeiten, liegt doch der dort nahezu gleichzeitig angelegte Park Schönhof von Waldenburg

77   Vgl. THÜMMLER 2019, S. 475.

Abb. 92: Die Ansicht vom Triangular im Grünfelder Park, Ausschnitt aus: Johann Gottlob Samuel Stamm nach Johann Christian Klengel: Das Haupttal des Parkes Grünfeld bei Mondschein, um 1789/90, kolorierte Radierung, ehemals Waldenburg, Schloss.

kaum 100 km Luftlinie entfernt.[78] Von diesem Punkt des Halbzirkels aus war der **Rauschende Wasserfall** (39/40) zu sehen und zu hören; vor allem aber geriet das **Dianenbad nebst einem Pavillon auf vier Säulen** (38/39) (vgl. Abb. 26, 89) ins Blickfeld. Von üppiger Vegetation verschiedener Laub- und Nadelbäume umrahmt, lag der große Teich inmitten der stillen Waldeinsamkeit und machte in seinem Bildwert die arkadischen Gefilde der Diana und ihrer Nymphen, aber auch das grausame Schicksal des Jägers Aktäon, sinnfällig. Ein kleiner Pavillon im griechischen Stil stand dementsprechend am Ufer des Teiches und wurde als Tempel der Göttin der Jagd begriffen. In ionischer Ordnung zeigte dieses vermutlich in Holz ausgeführte Bauwerk eine schlichte Zurückhaltung in der Formensprache und verbarg im antiken Gewand seine eigentliche Doppelfunktion als Badehaus und Jagdhütte. Auf die Herleitung des ‚Temple rustique' (vgl. Abb. 85) in Ermenonville wurde oben schon hingewiesen. Auch wurde der Teich zu Bootsfahrten benutzt, was gleichfalls auf den Gebrauch dieses Parkgebietes als Lustort hinweist, wo sich der Mensch in aktiver Betätigung statt passiver Kontemplation mit der Natur auseinandersetzt. Von all diesen programmatischen Intentionen ist inzwischen jegliche Spur gelöscht, gleichwie die Denkmalsfigur einer weiblichen Gestalt in antikem Gewand, die ehedem auf dem halbinselartig in das Dianenbad hineinragenden Landzunge stand, längst verschwunden ist. Das dort *„auf einem hohen Quaderwürfel errichtete Monument* [mit der] *auf einem kreisrunden rötlichen Säulenschaft steh*[enden ...] *Urne, [...] verkörpert die Freundschaft, die auch den toten Freunden und Freundinnen ein sehnsüchtiges Gedenken widmet. [Dabei] ähnelt [das Denkmal] sehr dem Entwurf eines Denksteins für den Sänger des Frühlings, Ewald von Kleist, von Schuricht, der bei Hirschfeld [...] abgebildet ist"*

---

78   Die Entstehungsdaten des Parks Schönhof werden mit 1783 bis 1793 angegeben.

Abb. 93: Triangular Lodge in Rushton/Nothamptonshire.

(Abb. 91).[79] Auf sanft ansteigendem Wege gelangt man vom heute als **Fo-rellenteich** bezeichneten Dianenbad hinauf in den **Bergpark**, an dessen höchstgelegenem Punkt sich einst der Platz des **Triangulars** (34/) befand: ein Bauwerk, dessen Ikonographie sich deutlich mit der symbolgelade-nen Vorstellungswelt der Freimaurerei verbindet (Abb. 92). Von hier er-gaben sich verschiedene Aussichten (41/42) sowohl in den Park hinein

79 SCHMIDT 1931, S. 113-114; Thümmler 2019, S. 482-487.

Abb. 94: Mausoleum im Fürstlichen Park Grünfeld bei Waldenburg, Ansichtskarte, ca. 1910.

als auch in die Landschaft hinaus. Einige der alten Sichtachsen sind sogar heute noch vorhanden. Sie dienen dazu, die einzelnen Parkelemente optisch und assoziativ stärker zusammenzubinden. Am Platz des Triangulars steht inzwischen das **Mausoleum** des Fürsten Otto Carl Friedrich von Schönburg-Waldenburg[80], welches jedoch nie seiner Bestimmung zugeführt werden konnte, da das Grundwasser im Gruftgewölbe zu hoch liegt. Unter dem vormaligen Triangular hat man sich ein pavillonartiges Gebäude auf dem Grundriss eines gleichschenkligen Dreiecks vorzustellen, bei dem die magische Zahl ‚Drei' in vermutlich freimaurerischem Beziehungsgefüge das Grundmaß aller architektonischen Verhältnisse im Bauwerk abgegeben hat. Wahrscheinlich diente das von Sir Thomas Tresham (1543–1605) in Rushton in Northamptonshire errichtete Triangular Lodge (Abb. 93) als ideelles Vorbild. Tresham ließ dieses Bauwerk mit seiner konsequenten Dreigliederung als Lodge – als eine geschützte Unterkunft – errichten, um mit dem Bauwerk auf eigentümliche Weise die göttliche Trinität zu symbolisieren und damit sein Festhalten am römisch-katholischen Glauben zu bezeugen, indem er dem Zwang, zum

---

80   Vgl. SCHMIDT 1931, S. 101-102.

Abb. 95: Mausoleum im Grünfelder Park, 2018.

Protestantismus übertreten zu sollen, widerstand. Insofern handelt es sich beim Triangular Lodge um einen Bau zur Demonstration des weltanschaulichen Bekenntnisses seines Bauherrn. Mit dem Triangular ließ Otto Carl Friedrich gleichfalls einen weltanschaulichen Bekenntnisbau errichten, der dazu dient, seine christlichen Glaubensüberzeugungen wie seine humanistischen Anliegen freimaurerischen Wirkens sinnfällig werden zu lassen. Das Dreieck begegnet uns als religiöses Zeichen in zahlreichen Kulturen. So symbolisiert es nicht nur die Trinität des christlichen Gottes des Allmächtigen in der Einheit von Vater, Sohn und Heiligem Geist, sondern versteht sich zugleich als freimaurerisches Symbol für den Großen Baumeister aller Welten, der in der Freimaurerei ebenfalls durch das Dreieck verkörpert wird. Entsprechend spielt dieses Dreieckszeichen im Bund der Logenbrüder bereits bei der Lehrlingsaufnahme eine große Rolle und wir begegnen ihm an der Ostwand des Logentempels.[81] Aus dieser doppelten Bedeutung bezieht der Bau seine außerordentliche Rolle innerhalb des Gartenareals, als Kulminationspunkt des architektonischen Ausdrucks der weltanschaulichen Positionen seines Schöpfers. Un-

---

81   Vgl. KELLER 2009, S. 187.

Abb. 96: Der als Aussichtsturm genutzte Jagdturm im englisch-normannischen Stile im Grünfelder Park., Foto um 1900.

terlagen über die konkrete Gestalt des Grünfelder Tiangulars sind nicht mehr vorhanden und Johann Gottlob Samuel Stamms Stich nach Johann Christian Klengels Gemälde (vgl. Abb. 25) erlaubt uns nur eine vage Rekonstruktion von diesem Gartengebäude zu erstellen, dessen Grundform das Dreieck bildet.[82] Hervorzuheben ist dabei vor allem seine exponierte Stellung im Park auf höchstem Punkte und in deutlicher visueller Korrespondenz zur Oberwinkeler Kirche, was die Vermutung auf freimaurerische Zweckgebundenheit zu stützen scheint, da so eine Verbindung zweier weltanschaulicher Positionen des Hauses Schönburg im Garten

---

82   Vgl. THÜMMLER 2019, S. 482-487, 642, Abb. 73-77.

Abb: 97: Der Jagdturm im Grünfelder Park.

– die christliche Religion und die freimauererische „Verschwörung zum
Guten" – eine bildhafte Umsetzung erfährt.

Auch die Tatsache, dass man für das zwischen 1813 und 1816 errichtete
Mausoleum (Abb. 94, 95) gerade diesen Standort wählte, spricht für die
außerordentliche Bedeutsamkeit des Platzes im Ensemble der Parkanlage.
Es wurde schon die Vermutung geäußert, dass diese Gartenarchitektur in
ihrer Grundkonzeption ebenfalls auf einen Plan von Christian Friedrich
Schuricht zurückgehen könnte, weil einzelne Bauformen – etwa die Kup-
pel- und die Architrav-Gestaltung mit den beiden ionischen Säulen – auf
ähnliche Entwürfe dieses Baumeisters weisen, der für Hirschfelds „Gar-

Abb. 98: Der Obelisk im Grünfelder Park.

Abb. 99: Gasthof Grünfeld. Alte Ansichtskarte, um 1920.

Otto Victor-Denkmal im Fürstl. Park **Grünfeld** b. Waldenburg i. S.

Abb. 100: Otto Victor-Denkmal im Waldenburger Lustgarten, Alte Ansichtskarte, um 1910.

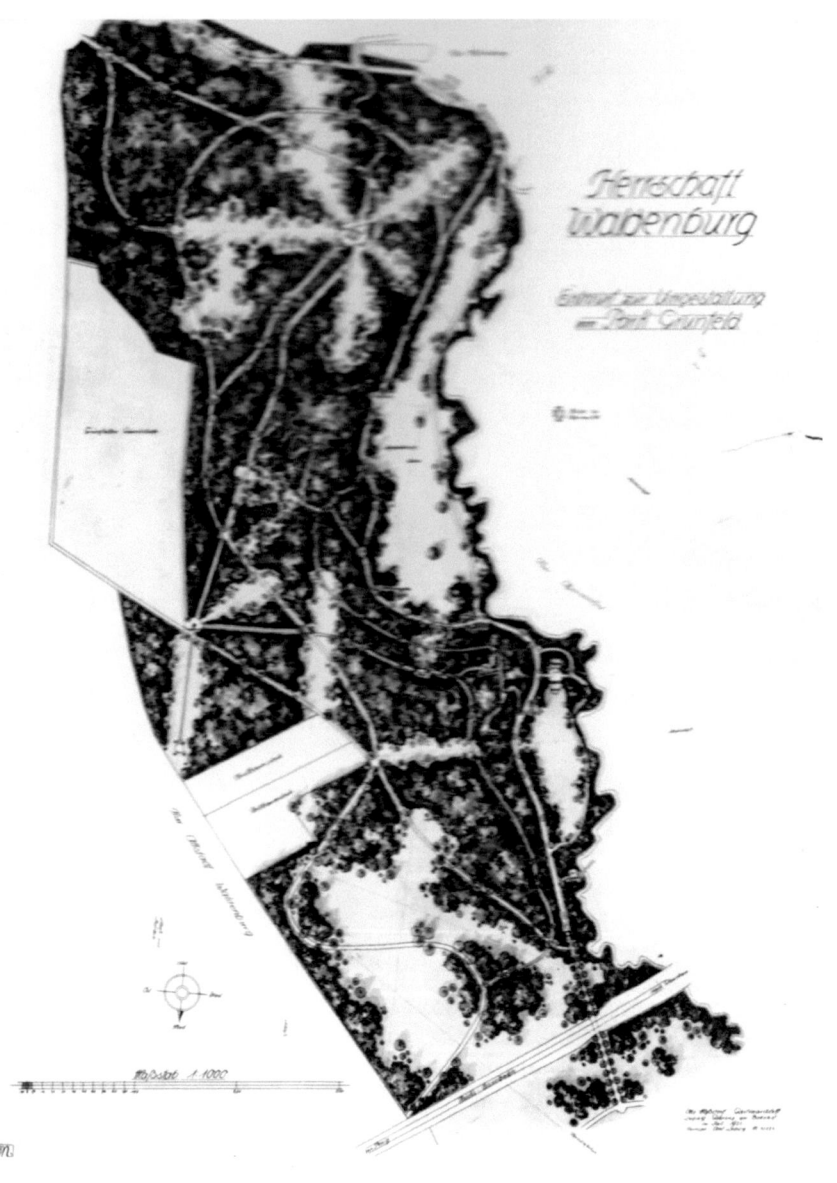

Abb. 101: Otto Moßdorf: Herrschaft Waldenburg. Entwurf zur Umgestaltung von Park Grünfeld, Juli 1923.

Abb. 102: Das neue Gasthaus ‚Grünfeld'. Alte Ansichtskarte, ca. 1940.

tentheorie" vielfach tätig geworden ist. Zu klären ist dies nicht mehr. Hingegen sind wir über den Auftraggeber dieses Mausoleums unterrichtet. Es handelt sich um die Witwe des Fürsten, Henriette Leonore Elisabeth geb. Gräfin Reuß-Köstritz (vgl. Abb. 8). Sie widmete den Bau *„Otto dem Unvergeßlichen"*, wie es die Inschrift über dem Sims besagt. Durch diese Inschrift wird eine zusätzliche Verbindung mit dem **Badehaus** (22/22) hergestellt, wo umgekehrt der Fürst schon seinen Lobpreis der Gattenliebe durch eine Inschrift bezeugt hatte, der nun von der Witwe, über den Tod hinausweisend, erwidert wird.

Vom Mausoleum führen verschiedene Spaziergänge (45/-) auf **englischen Wegen** (-/47) in den Bergpark hinein. Der in nördliche Richtung verlaufende Pfad, der sich in mehreren Serpentinen schlängelt, gelangt schließlich zu einer Wegegabelung, von wo aus Treppen ins umgrenzte Wildgehege zu einem **Eremitenhäuschen** (30/30) – auch Einsiedelei oder Einsiedlerhütte genannt – führten.[83] Von dieser romantischen Parkstaffage in *„öder Wildnis des Bergs"*, die dem *„kurzen Genuß der Ruhe und der Einsamkeit, und zur Verstärkung der Eindrücke bestimmt* [war], *die stille und melancholische Reviere machen sollen"*[84], ist heute nichts mehr erhalten. Selbst ihr präziser Standort ist kaum noch auszumachen. Die Hütte befand sich oberhalb eines an Ketten hängenden **Parasols aus natürli-**

83 Vgl. THÜMMLER 2019, S. 488.
84 HIRSCHFELD 1779/1785, Bd. III, 1780, S. 96 und 97.

chen Bäumen (31/31), von dem aus der Stufenweg bis auf die Bergeshöhe führte, wo die Einsiedelei in einer *„sanft melancholischen Gegend"*[85] ihren Standort hatte.

Unweit von hier, auf der Höhe am Waldrand wo einst das Wildgatter die Flur eingrenzte, ließ Otto Carl Viktor I. zwischen 1843 und 1848 einen 22 Meter hohen Aussichtsturm errichten, der wegen seines Standorts im Bereich des Tiergartens auch als **Jagdturm** (Abb. 96, 97) bezeichnet wurde. In ihm führten 50 Stufen hinauf bis zu einer Plattform mit Balustrade, von wo aus ein weiter Rundblick über den Park und das Erzgebirgsvorland möglich war. Heute erinnern nur noch wenige Mauerreste an dieses markante Bauwerk aus der zweiten Bauperiode des Parks, in der der ästhetische Erlebniswert der Landschaft an sich in den Vordergrund gestellt wurde und damit die vordem vorherrschenden gartenkünstlerischen Tendenzen, den symbolhaft-moralisierenden Gehalt der vorromantisch-sentimentalen Gartenphase, abzulösen begann. Von dieser neuen Gesinnung her bezog ein derartiger Aussichtsturm seine Funktionsbestimmung; gleichwohl lebte in ihm durch das Aufgreifen des englisch-normannischen Stiles im bergfriedartigen Aussichtsturm die alte Ritterromantik des 18. Jahrhunderts der vorromantisch-sentimentalen Phase noch nach, wie sie uns in ähnlichen Bauten aus der damaligen Zeit – etwa in der 1795 errichteten Ritterburgruine des Parks von Machern – in ähnlicher Weise begegnet.

Am steilen Abhang des Berges führt der Weg durch das *„wildromantische Revier"* des ehemaligen Tiergartens zu einer Stelle, an der die **Irmensäule** (-/24) ihren Platz fand. Auf dem Plan von 1795 befand sich hier noch eine **Griechische Säule** (24/-)[86], in der sich zweifelsohne der Geist des Freiheitsstrebens der antiken griechischen Kultur manifestierte. Die Umwandlung zur altgermanischen Irmensäule erfolgte in der Zeit der antinapoleonischen Befreiungsbewegung, wo mit der Erinnerung an das Standbild des Irmin, des göttlichen Stammvaters des westgermanischen Stammes der Erminonen (Herminonen), der patriotische Widerstand gegen die französische Fremdherrschaft angefacht werden sollte. Irmin, ein Hauptgott der alten Sachsen, der wahrscheinlich mit dem altnordischen Himmelsgott Ziu identifiziert wurde, genoss auch als Gott des Krieges große Verehrung, und sein Name wurde in späterer Legende mit Hermann, dem Cheruskerfürsten und Arminius der Römer, gleichgesetzt, der tapfer und erfolgreich die Freiheit und das altheidnische Volkstum der Germanen gegen die römischen Angriffe behauptete. Um 1813, auf dem Höhepunkt der antinapoleonischen Befreiungskämpfe, diente die

---

85   Ibidem.
86   Vgl. THÜMMLER 2019, S. 480-481.

Irmensäule nicht nur als stolzes Symbol für den historischen Befreiungs-kampf der alten Germanen gegen ihre römischen Widersacher, sondern auch als Zeichen patriotischen Freiheitswillens gegen die napoleonische Fremdherrschaft. Mit der Einbeziehung des altgermanischen Heiligtums in den Kontext des Parks war neben der Absicht der Erweckung patri-otischer Gefühle auch ein mystisch-historisierender Bildungsanspruch verknüpft, in dessen Programmatik sich der Bauherr zum Bewahrer altgermanischer Freiheit und Kulturtraditionen stilisierte. Von der ur-sprünglichen Gestalt der Irmensäule, die in der Regel aus einem gewal-tigen Baumstamm bestand, der zu Ehren dieses Gottes errichtet wurde, hat sich in Grünfeld nichts erhalten bis auf die bescheidenen Reste einer dreistufigen Basis mit abgestuftem Sockelquader und Pyramidenstumpf, die der Volksmund heute als Bleistift bzw. **Obelisk** (Abb. 98) tituliert. Da die ursprüngliche Säule von Grünfeld, die eine Höhe von etwa drei Metern aufgewiesen haben soll, im 19. Jahrhundert der Zerstörung an-heimfiel[87], bleibt deren einstige Gestalt ungewiss. Die überlieferte Spitze der Säule fand Wiederverwendung in deren rekonstruierten Bau. In ihrer heutigen Struktur besitzt sie eine auffällige Ähnlichkeit zum Obelisken in Ermenonville (vgl. Abb. 86), doch war deren Bestimmung weder auf den Freiheitskampf gerichtet, noch gab es eine Verbindung zum Ursprungs-ort dieser über quadratischen Grundriss sich erhebenden, freistehenden monolithischen Spitzsäule, die im alten Ägypten als Kultsymbol des Son-nengottes galt und die dessen Strahlen verkörperte, um die Verbindung zwischen der irdischen und der Götterwelt herzustellen. In Ermenonville diente der Obelisk hingegen als Denkmal, um dort vier Dichtern die Ehre zu erweisen, *„die sich durch die Beschreibung der sanften Bilder der Na-tur ausgezeichnet haben"*: Salomon Gessner, Thomson, P. Virgilii Maronis und Theokrit.[88] Insofern beschränkt sich in Grünfeld die gestalterische Anlehnung an dieses Vorbild nur auf Äußerlichkeiten.

Vom Standort des einstigen patriotischen Sinnbilds führt der Pfad wei-ter am Hang entlang, bis er schließlich unten im Tal unweit vom **Bade-haus** (22/22) auf dem **Hauptweg** (1/1) einmündet. Vorbei an den **Felsen** (26/-) unterhalb der Grotte führte rechterhand eine kurze Allee hindurch nach der **Landstraße** (16/-), die inzwischen verschwunden ist. Die Route in Richtung Norden verfolgend, gelangen wir zurück zum Gelände des ehemaligen **Schlösschens** (2/2), überqueren die Grünfelder Straße und biegen auf den westlichen Weg in Richtung **Elisensee** (9/9), der wegen seiner ursprünglichen drei Inseln auch als Drei-Insel-Teich bezeichnet

---

87   Vgl. ibidem
88   NIEDERMEIER/SEILER 2007, S. 155.

wird. Längst sind sie zu einer einzigen Insel zusammengewachsen.[89] Die unweit vom einst sich hier befindenden **kleinen Salon** (8/-) bietende Möglichkeit einer großartigen Panoramaansicht auf das Schloss und die Stadt Waldenburg ist heute nicht mehr gegeben, weil die ursprünglichen Sichtachsen weitgehend verwachsen sind und das Gebäude selbst verloren ging. Ein gleicher Verlust trifft auch für die anderen Elemente in diesem äußeren Parkteil zu, denn das **Monument zum Gedenken an den Hofrat Walther** (47/-) ist ebenso verschwunden wie eine **Statue** (48/-) und der **Pavillon von Lattenwerk**, der 1813 inzwischen als **Japanisches Häusgen von Latten** bezeichnet wird (10/10). Am **Schafteich** (12/12) schließt sich letztlich der Ring dieser historischen Führung durch den Grünfelder Park zu Waldenburg.

Ausschnitt aus einem Grundriss des Grünfelder Parks von Johann Bernhard Eichen von 1795.

89   Vgl. THÜMMLER 2019, S. 502-503. Ich gehe davon aus, dass die topographische Bezeichnung des Elisen-Sees bereits vor dem Ausbau zum Vorpark von „Greenfield" bestand und sich alle daraus abgeleiteten Rückschlüsse für die bestimmende Sinngebung dieser Parkszenerie nur im spekulativen Bereich bewegen können. Gleichwohl dürfte eine Assoziation mit dem Elysium, den Inseln der Seligen, in denen sich im Geiste der Freimaurerei die Sehnsucht nach einer arkadischen Paradieses-Vorstellung manifestiert, durchaus den fürstlichen Absichten entsprochen haben, denn als Ergänzung zum „Ewigen Osten" verkörpert sie die Vorstellung vom „Ewigen Westen" und rundet damit die psychologische Wirkung der in der Maurerei bedeutsam gewordenen Anregungen aus den antiken Mysterienbünden ab. Die bukolische Szenerie einer Arkadien-Idylle bestimmt ohnehin den paradiesischen Charakter dieses Parkareals, dessen zufällige Namensgebung auf die elysischen Gefilde anspielt, nur willkommen gewesen sein kann. Vgl. VOGEL 2019A, bes. S. 89-97.

Otto Carl Friedrich von Schönburg-Waldenburg – ein Lebenslauf in Daten

- **2. Februar 1758** als Sohn des Albert (Albrecht) Carl Friedrich Graf von Schönburg-Stein (1710-1765) und der Friederike Caroline Henriette von der Marwitz (1720–1763) in Waldenburg geboren
- **22. April 1763** Tod der Mutter
- **7. Juni 1765** Mit dem Tod des Vaters wird der erst siebenjährige Otto Carl Friedrich Vollweise, dem das Gesamthaus Schönburg den Onkel Friedrich Albert Graf von Schönburg-Hartenstein (1713–1786) zum Vormund und Heinrich Ernst I. Graf von Schönburg-Rochsburg (1711–1778) zum „Con-Tutor" setzte. Noch vor seinem Tod hatte der Vater auf dem Totenbett seinen Freund, Heinrich XXIII. Graf von Reuß-Köstritz (1722–1787), zum Pflegevater und Erzieher seines Sohnes bestimmt.
- **Juni/Juli 1765** Ungeachtet dieser Bestimmung blieb der Knabe zunächst noch unter der Obhut seiner Tante, Frau von Kotzau, geb. Gräfin Schönburg, in Waldenburg.
- **22. Juli 1765** Erst nach einem Mahnschreiben des Grafen Reuß-Köstritz erfolgte die Umsiedlung des Knaben nach Köstritz, wo er hinfort am frommen Köstritzer Hof gemeinsam mit der drei Jahre älteren Tochter des Grafen, Henriette Eleonore Elisabeth von Reuß-Köstritz im Sinne der Herrnhuter Tradition erzogen wurde. Hier war bis zu seinem 14. Lebensjahr der Magister Johann Gottlieb Caspari (1741–1826) sein Lehrer und Erzieher.
- **1772/73** Georg Friedrich Ayerer (1744–1804), Absolvent der Rechtswissenschaft in Leipzig, wird als Hofmeister des Knaben bestellt, um ihn auf das Universitätsstudium vorzubereiten. Der hochgebildete Ayrer, der während seiner Leipziger Studienzeit die Verbindung zu den Dichtern Christian Fürchtegott Gellert (1715–1769) und Christian August Clodius (1737–1784), aber auch zum Thomaskantor Johann Friedrich Doles (1715–1797) gesucht hatte, verbringt mit seinem Zögling diese Zeit der Mentorschaft teils in Köstritz, teils in Waldenburg und auch teilweise beim Vormund in Hartenstein. In dieser Ausbildungsphase legte der Hofmeister, der sich durch seine Fertigkeiten im Zeichnen und in der Erstellung von Schattenrissen von Personen bereits einen Namen gemacht hatte, beim jungen Grafen die Grundlagen zu dessen tieferer Bildung in den Sprachen und Wissenschaften. Gleichzeitig weckte er bei ihm die Neigung zu den bildenden Künsten und zur Musik und stellte damit die Weichen für

dessen große Aufgeschlossenheit gegenüber den Künsten.

- **Anfang Januar 1774** Besuch in Köstritz und Gera, um von den Mitgliedern der Pflegefamilie Reuß vor Aufnahme des Studiums Abschied zu nehmen

- **April 1774** Otto Carl Friedrich begibt sich zum Universitätsstudium nach Leipzig, wo er mit seinem Hofmeister in drei gemieteten eigenen Zimmern in der dritten Etage im Hause des Professors und Dichters Christian August Clodius in der Grimmaischen Straße zu einer Jahresmiete von 200 Talern bei einem monatlichen Kostgeld von 30 Talern und 24 Talern für Aufwartungen wohnt. Clodius übernimmt als einer der Lehrer die Oberaufsicht über die Studienplanung des Grafen und bringt ihn im gesellschaftlichen Verkehr in Verbindung mit führenden Intellektuellen und den Vornehmsten der Stadt. Zum Studienprogramm gehören: Jus naturae bei Prof. Schott, Collegium privatissimum zur Übung im Schreiben, in der Lektüre und zur Bildung des Geschmacks bei Prof. Clodius; Metaphysik bei Prof. Platner, Europäische Staatstheorie bei Hofrat Böhme, Französisch bei Michael Huber, Tanzunterricht bei einem Tanzmeister und Moral bei Prof. Clodius. Die tägliche Teilnahme an der Tischgesellschaft des Prof. Clodius führte ihn mit vielen Adligen und Intellektuellen zu ausführlichen Gesprächen zusammen. In der Freizeit wurden die neuen Leipziger Gärten und Promenaden besucht.

- **Weihnachten 1774** Die vierzehntägigen Weihnachtsferien verbringt Otto Carl Friedrich im Schönburgischen.

- **Ostern 1775** Die sechswöchigen Osterferien verbringt Otto Carl Friedrich im Schönburgischen und in Köstritz.

- **Michaelis 1775** Besuch beim Vormund und Onkel in Hartenstein; im neuen Semester hört Otto Carl Friedrich Ökonomie bei Prof. Schreber als Privatissimo

- **Ostern 1776** Otto Carl Friedrich verbringt die Osterferien bei Verwandten im fränkischen Schwarzenbach a. d. Saale, in der Nähe von Hof. Im Frühjahrssemester ändert sich der Studienplan und beginnt morgens täglich um 6 Uhr mit Voltigieren auf der Reitbahn, 8 Uhr Naturhistorie bei Prof. Lesken, 9 Uhr Fechten auf dem Fechtboden, 10 Uhr Staatsverfassung von Sachsen bei Dr. Franken, Ökonomie bei Prof. Schreber, 2 Uhr Staatsrecht des Römisch-deutschen Gerichts bei Dr. Franken, 3 Uhr Englische Sprache bei M. Roglnon (?); mittwochs und samstags mit geändertem Programm: 8 Uhr Lektionen über Kunst, 9 Uhr Französisch, beide Stunden bei Michael Huber, 10 Uhr Staatsverfassung von Sachsen bei Dr. Franken, 11 Uhr Moral bei Dr. Platner, 2 Uhr Vorlesungen beim Stallmeister über Pferde, 3 Uhr Jus publ. Imperii.

- **1776 bis 1779** Bildungsreisen mit dem Hofmeister Ayrer durch Deutschland und Westeuropa, die im von Ayrer verfassten „Reise-Journal" detailreich dokumentiert werden
- **Sommer 1776** Besuch der „aufgeklärten" Höfe in Gotha, Braunschweig, Hannover, Weimar (Bekanntschaft mit Goethe und Herder) und Dessau
- **1. September 1777** Beginn der „Großen Kavalierstour" über Plauen, Schwarzenbach a. d. Saale (2. September), Bayreuth (5.September), Bamberg (6.September), (Nürnberg), Würzburg (7.September) zunächst bis Frankfurt (8.September), wo sie bis 17. September blieben, um die Messe und Komödien zu besuchen. Weiterfahrt bis Worms (17.September), Garten von Schwetzingen (19. September), Heidelberg, Mannheim, Karlsruhe, Straßburg, Basel, Schaffhausen, Zürich, wo sie am 27. Oktober eintrafen, um sich hier für längere Zeit aufzuhalten und in engen Kontakt zum Theologen und Physiognomiker Johann Caspar Lavater (1741–1801) und dessen Lehrer Johann Jakob Bodmer (1698–1783) zu treten. Ayrer stellte Lavater offenkundig mehrere Porträtsilhouetten für dessen „Physiognomische Fragmente" zur Verfügung
- **24. bis 25. Oktober 1777** Fahrt nach Bern über Baden
- **27. Oktober 1777** Gemeinsame Fahrt mit dem Juristen und Historiker Baron Renatus Leopold Christian Karl von Senckenberg aus Wien (1751–1800) über Payerne (dt. Peterlingen)/Kanton Waadt und über das Juragebirge nach Lausanne.
- **Winter1777/Frühling 1778** Otto Carl Friedrich bleibt fast zwei Semester lang in Lausanne, um an der dortigen Universität seine Studien fortzusetzen. In dieser Zeit wohnt er bei Herrn de Montagni und unterhält Beziehungen zu Lehrern der dortigen Académie: zu François Louis Allamand (1709–1784), Professor für Griechisch und Ethik, zu Johann S. Salchli (1724–1807), dem Professor der Theologie und Geschichte, bei dem er neuere Universal- und Staatshistorie hörte, sowie zu den Professoren Du Chavannes und Du Toit.
- **Juni 1778** Von Lausanne aus Kurzreisen in die Alpen und nach Ferney, dem letzten Wohnort Voltaires, der kurz vor ihrer Ankunft, am 30. Mai 1778, verstorben war. Während ihres Schweizaufenthaltes änderte sich das Naturgefühl der beiden deutschen Gäste in ihrem Verhältnis zu den Alpen, die sie ursprünglich als etwas „Grässliches und Abscheuliches" betrachteten, inzwischen aber als erhaben und in ihrer Schönheit als zauberhaft würdigten. Neuchâtel, das Lauterbrunner Tal, die Gletscherwelt des Breitenhorns, des Wetterhorns und des Eigers wurden ebenfalls besucht.

- **17. August 1778** Abreise aus Lausanne über Genf in Richtung Savoyen über Martigny, die Tête noire ins Tal von Chamonix, dem Gletscherfluss des Montblanc.
- **24. August 1778** Rückkehr nach Lausanne und Weiterreise bis Yverdon in Begleitung der beiden sächsischen Landsleute C. von Friesen und Minckwitz.
- **19. September 1778** Abreise aus Yverdon.
- **21. September 1778** Ankunft in Lyon und Weiterreise über Orange nach Avignon mit Besuch des Grabs von Petrarcas Geliebten Laura. Weiterreise nach Aix-en-Provence, Marseille, Nîmes und von dort über Fontainebleau nach Paris. Da den Reisenden Paris nicht gefiel, nutzten sie die sich ihnen bietende Gelegenheit, mit einem Herrn Holländer aus Riga über Calais nach London zu fahren.
- **30. Oktober 1778** Nach stürmischer Überfahrt über den Kanal trafen sie von Dover kommend in London ein, wo sie überall zum Mittag- und Abendessen eingeladen wurden. Beginn eines dreiwöchigen Aufenthalts in London mit Besuchen von Windsor, Hamptoncourt, Richmond, Kew Gardens, Kensington, Greenwich und Twickenham. Besonderes Augenmerk wurde auf die Besuche von Parks und Gärten gelegt, die im Stil des neuen englischen Geschmacks angelegt worden waren. In London Bekanntschaft mit einigen Künstlern: dem Bildhauer Joseph Nollekens (1737–1823), dem Historienmaler Benjamin West (1738–1820) und dem Porträtisten Joshua Reynolds (1723–1792). Besuch von Komödienhäusern und Begegnung mit dem Sekretär des British Museums, Plantha.
- **27. November 1778** Ankunft in Paris, Besuch der Taubstummenanstalt des Abts L' Epée.
- **1. Dezember 1778** Otto Carl Friedrich wird dem französischen König Louis XVI. (1754–1793) vorgestellt.
- **2. Dezember 1778** Besuch des Gartens des Mr. Bouton, der halb in englischem, halb in französischen Stil angelegt war, danach Rückreise über Meaux, Chalons, Verdun und Metz nach Straßburg.
- **6. /7. Januar 1779** Zweitägiger Aufenthalt in Straßburg mit Begegnung des jungen Carl Anton Ferdinand Graf von Forstenburg (1767–1794), eines unehelichen Sohnes des Erbprinzen Karl Wilhelm Ferdinand von Braunschweig (1735–1806) und der Maria Antonia Braconi (1746–1793); danach Weiterreise nach Stuttgart.
- **12. Januar 1779** Besuch in Kriesdorf [90] beim Erb-Markgrafen Christian Friedrich Karl Alexander von Brandenburg-Ansbach (1757–1801).
- **16. Januar 1779** Schwarzenbach an der Saale mit Besuchen in Bay-

---

90 Gemeint ist evtl. eine der beiden Ortschaften namens Kriestorf in der Nähe von Passau.

reuth, Hof, Plauen, Reichenbach und Zwickau.

- **18. Januar 1779** Rückkehr in die Schönburgischen Lande.
- **2. Februar 1779** Mit der Erreichung der Volljährigkeit Übernahme der Regierungsgeschäfte in Waldenburg durch Otto Carl Friedrich von Schönburg-Waldenburg.
- **13. Mai 1779** Mit dem Frieden von Teschen nach dem unblutig verlaufenden bayerischen Erbfolgekrieg erkennt Otto Carl Friedrich die am 4. Mai 1740 abgeschlossenen Rezesse mit der Anerkennung der sächsischen Oberhoheit über die Schönburgischen Herrschaften endgültig an.
- **6. Oktober 1779** Eintritt in die Loge „Minerva zu den drei Palmen" in Leipzig nach dem Beispiel seines Vetters Carl Heinrich III. Graf von Schönburg-Forderglauchau (1757–1815), der bereits seit dem 22. Juni 1776 Mitglied dieser Loge war. Später trat Otto Carl Friedrich in die Loge „Zu den drei Rosen" auf dem Rittergut Sachsenfeld bei Schwarzenberg ein, die er später auf das Schönburgische Schloss Rüßdorf bei Lichtenstein verlegte, wo er als zweiter Meister vom Stuhl wirkte.
- **8. Dezember 1779** Vermählung mit seiner einstigen Spielgefährtin und Lerngenossin Henriette Eleonore Elisabeth Gräfin von Reuß-Köstritz (1755–1829), mit der er eine glückliche Ehe führt.
- **19. April 1780** Erlangung des zweiten Grades (Geselle) in der Loge „Minerva zu den drei Palmen" in Leipzig.
- **24. Mai 1780** Anstellung seines Hofmeisters Georg Friedrich Ayrer zum Sécrétaire de la Cour de S. A. I.me Monseigneur le Comte.
- **4. Oktober 1780** Geburt der Tochter Carolina Alexandra Henriette Jeanette (Jenny), spätere Erbgräfin zu Stolberg-Wernigerode (gest. 1809).
- **8. März 1781** Ayrer wird zum Fürstlichen Rat und Justizamtmann zu Waldenburg ernannt.
- **28. August 1781** Der erstgeborene Sohn Otto Alexander erblickt das Licht der Welt, stirbt aber bereits am 27. Februar 1782. Zu seinem Gedächtnis wird eine Gedenksäule im Park Greenfield errichtet.
- **1782** Mit dem Kinderbildnis der Prinzessin Jenny von Schönburg mit umgestürztem Blumenkorb und Apfel treten erstmals die langjährigen Beziehungen zwischen dem Wildenfelser Hofmaler Christian Leberecht Vogel (1759–1816) und Otto Carl Friedrich als einer von dessen bedeutenden Auftraggebern in Erscheinung. Vogel unterrichtete später die Kinder des Fürsten im Zeichnen und Malen, wobei er Jenny als seine Lieblingsschülerin bezeichnete.
- **9. August 1782** Geburt der Tochter Victoria Albertina (gest. 1840)

- **26. September 1783** Geburt der Tochter Juliane Ernestine (gets. 1838)
- **1. März 1785** Geburt des Sohnes Otto Victor I. von Schönburg-Waldenburg (†16.2.1859)
- **24. April 1786** Geburt des Sohnes Friedrich Alfred (gest. 1840)
- **18. Dezember 1786** Mit dem Tod seines Oheims und früheren Vormunds Graf Friedrich Albert von Schönburg-Hartenstein gingen die Herrschaft Hartenstein und die Hälfte der von der Waldenburger Linie 1754 übernommenen Güter der Herrschaften Lichtenstein und Waldenburg an den Neffen über, so dass er als einziger Stammhalter der Oberen Linie des Hauses Schönburg deren gesamten Besitzungen (Waldenburg, Lichtenstein, Hartenstein und Stein) in seiner Hand vereinte.
- **11. Oktober 1787** Geburt des Sohnes Heinrich Eduard (gest. 1872).
- **9. März 1789** Geburt der Tochter Marie Clementine (gest. 1863).
- **9. Oktober 1790** Anlässlich der Krönung Kaiser Leopolds II. in Frankfurt am Main Erhebung in den erblichen Reichsfürstenstand. Die Reichsstandschaft der Fürsten und Grafen von Schönburg zum Reichstag als stimmberechtigte Stände des Obersächsischen Kreises blieb bis zur Auflösung des Heiligen Römischen Reiches Deutscher Nation 1806 bestehen.
- **ab 1790** Als Vertreter des aufgeklärten Adels löste Otto Carl Friedrich systematisch die landwirtschaftlichen Frondienste durch Geldabgaben ab.
- **18. März 1791** Geburt des Sohnes Otto Hermann (gest. 1846).
- **1794** Erwerb des Ritterguts Ölsnitz.
- **1797** Rückerwerb der 1609 verpfändeten Dörfer Tirschheim und Reichenbach sowie Erwerb der großen Herrschaft Remse von der Unteren Linie des Hauses Schönburg.
- **Sommer 1799** Während eines Besuchs beim Schwiegersohn in Wernigerode erlitt Otto Carl Friedrich bei der Einfahrt in einen Schacht einen Ohnmachtsanfall als Vorzeichen seines baldigen Todes.
- **4. Januar 1800** Die Erstausgabe der „Wöchentlichen Schönburgischen Anzeigen zur Verbreitung gemeinnütziger Kenntnisse", die der Glauchauer Buchdrucker Witzsch herausgab, wurde durch Otto Carl Friedrich gefördert.
- **29. Januar 1800** Tod durch Herzschlag im Alter von 42 Jahren; sein Nachfolger Prinz Otto Victor von Schönburg-Waldenburg übernimmt zunächst unter Vormundschaft die Regierungsgeschäfte.

Die historischen Parkpläne
von 1795 und 1813

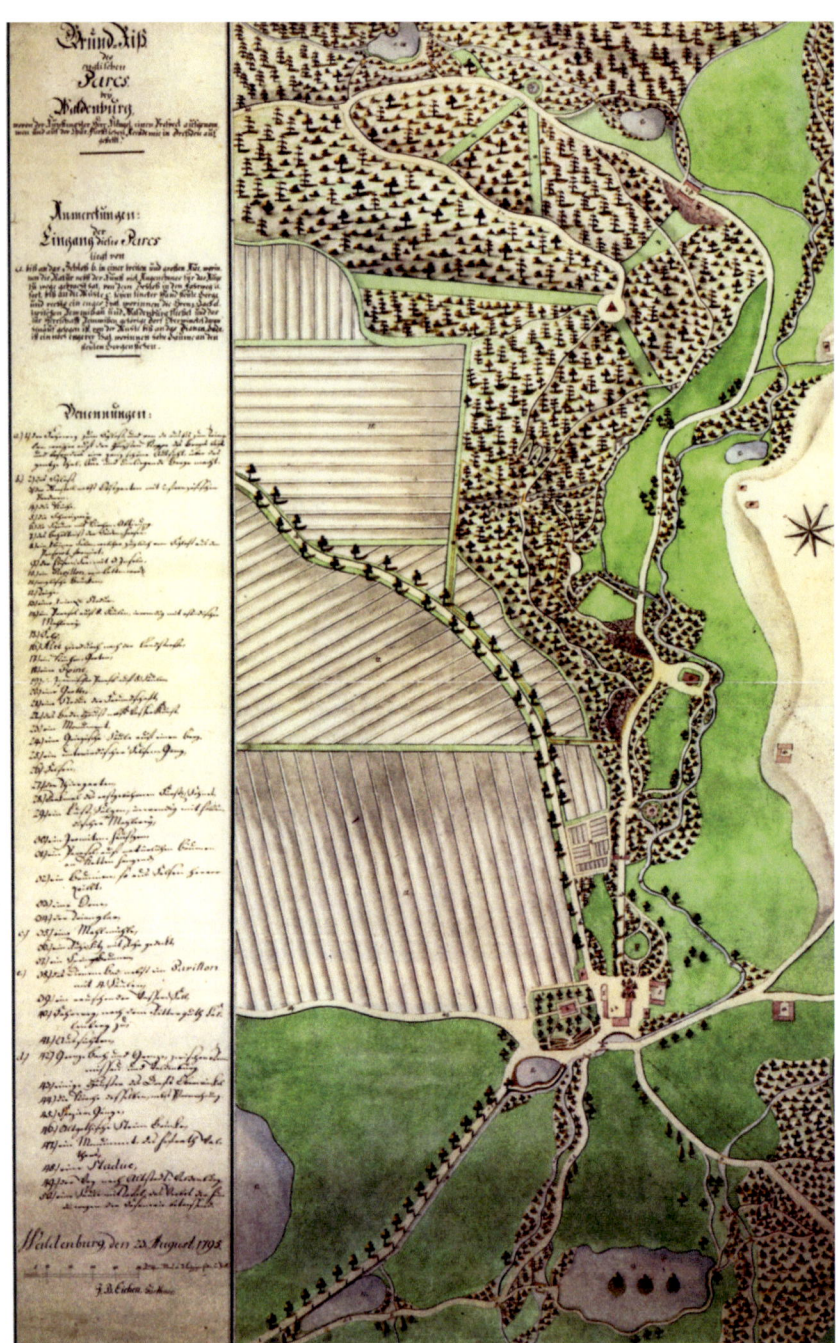

Legende zum
„Grund-Riß des englischen Parcs bey Waldenburg"
von 1795 von Johann Bernhard Eichen

„Grund-Riß des englischen Parcs bey Waldenburg, wovon der Kunstmaster Herr Klengel einen Prospect aufgenommen und auf der Chur. Fürstlichen Accademie in Dreßden ausgestellt. / Anmerkungen:
der Eingang dieses Parcs liegt von a. biß an das Schloß b. in einer breiten und großen Aue, worinnen die Natur nebst der Kunst viel Angenehmes für das Auge zu wege gebracht hat, von dem Schloß in den Fahrweg a. fort, biß an die Mühle c. seyen lincker Hand steule Berge, und rechts ein enges Thal, worinnen die Grenz-Bach d. zwischen Remmißau und Waldenburg fließet und das zur Herrschaft Remmißau gehörige Dorf Oberwinckel daran hinauf gelegen ist, von der Mühle biß an das Dianen-Bad e. ist ein noch engerer Thal, worinnen hohe Bäume an den steulen Bergen stehen. /
Benennungen:

a.)   1.) der Fahrweg zum Schloß, und von da aus bis zum Triangular, welches auf der höchsten Koppe des Berges liegt, und besonders eine ganz schöne Aussicht, über das gantze Thal, Aue und umliegende Berge macht.

b.)   2.) das Schloß,
3.) der Marstall nebst Obstgarten mit 2. französischen Pandenen/ Parderen?/Panduren??
4.) die Küche,
5.) die Schweizerey,
6.) die Scheune mit Kirchen-Abtierung,
7.) das Behältniß der Seidenhaasen,
8.) ein kleiner Salon, welcher zugleich vom Schloß auf den Prospect flaniert (?)
9.) der Elisen-See mit 3.Inseln,
10.) ein Pavillon von Lattenwerk
11.) englische Brücken
12.) Teiche,
13.) eine kniende Stadue
14.) ein Parasol auf 8. Säulen, inwendig mit ostindischer Malerey,
15.) Feld,
16.) Allee hindurch nach der Landstraße,
17.) ein Küchen-Garten,
18.) eine Roine (sic!)
19.) ein Japanischer Parasol auf 8. Säulen,

20.) eine Grotte,

21.) eine Stadue der Freundschaft,

22.) das Bade-Haus nebst Wasser-Kunst,

23.) ein Monument,

24.) eine Griegische (sic!) Säule auf einem Berg,

25.) ein unterirdischer Felsen-Gang,

26.) Felsen,

27.) Thiergarten,

28.) Denkmal des erstgebohrenen Fürstl. Sohnes,

29.) ein Lust-Sälgen, inwendig mit holländischer Mahlery,

30.) ein Eremiten-Häußgen,

31.) ein Parasol, auf natürlichen Bäumen an Ketten hängend,

32.) ein Brunnen, so aus Felsen hervorquillt,

33.) eine Orne (sic!),

34.) der Triangular,

c.)   35.) eine Mahlmühle

36.) ein Ruhe-Sitz mit Rohr gedeckt,

37.) ein Springbrunnen,

e.)   38.) das Dianen-Bad, nebst ein Pavillon mit 4. Säulen,

39.) ein rauschender Wasser-Fall,

40.) Fahrweg, nach dem Ritterguth Callenberg zu,

41.) Aussichten,

d.)   42.) Grenz-Bach und Grenze zwischen Remmissau und Waldenburg,

43.) einige Häußer des Dorfs Oberwinkel

44.) die Kirche desselben nebst Pfarrwohnung,

45.) Spazier-Gänge,

46.) Altgothische Stein-Brücke,

47.) ein Monument des Hofrath Walthers,

48.) eine Stadue,

49.) der Weg nach Altstadt-Waldenburg,

50.) eine Säule mit Tafel, das Verbot der Hunde, wegen der Fasanerie betreffend.

Waldenburg, den 23. August 1795.
Ruthen-Maas á 7 Leipziger Ellen 2. Zoll.
J. B. Eichen. Gärthner:"

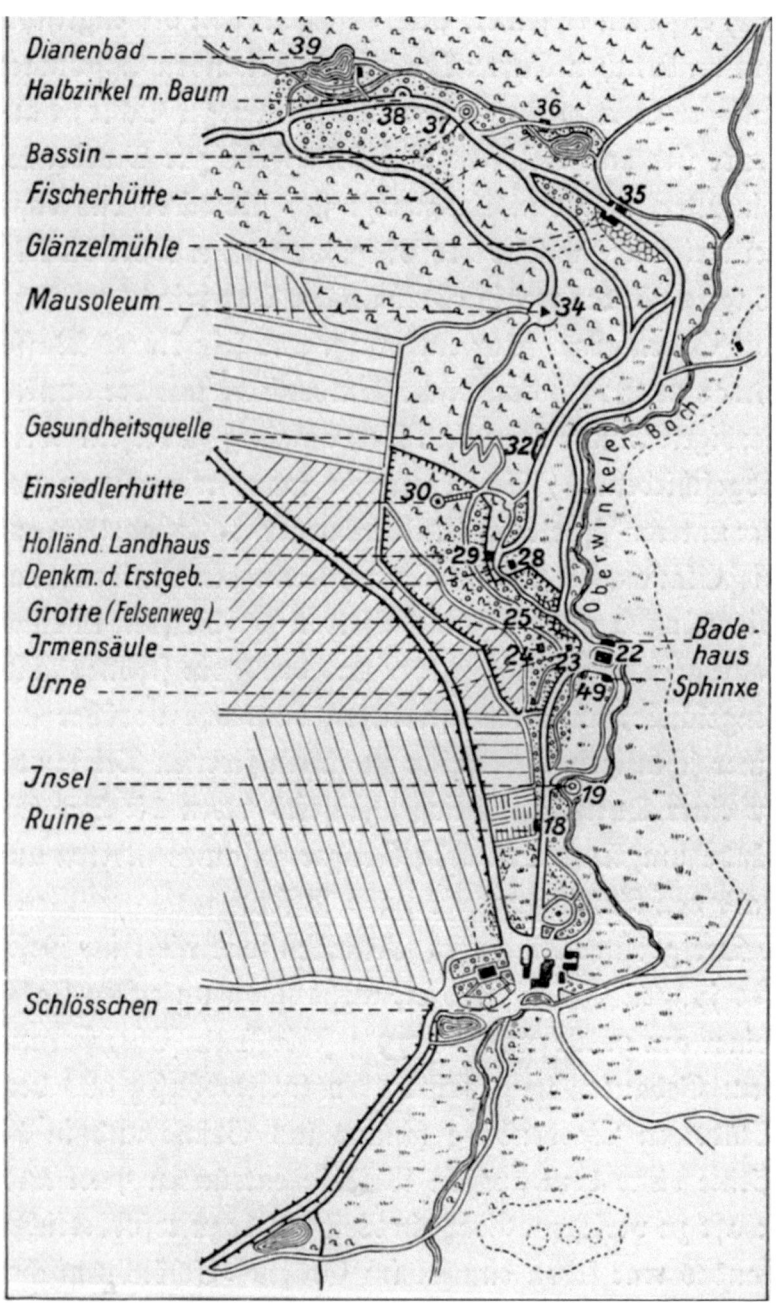

Dianenbad _____ _____ 39

Halbzirkel m. Baum _ _ _

38 37 36

Bassin - - - - - - - - -

Fischerhütte - - - -

Glänzelmühle - - -

Mausoleum _____ 34

35

Gesundheitsquelle _____ 32

Einsiedlerhütte _____ 30

Holländ. Landhaus _____
Denkm. d. Erstgeb. _____

29 28

Grotte (Felsenweg) _____

Jrmensäule - - - - -

Urne _____

25

24 23 22 Bade-
haus
49 Sphinxe

Oberwinkeler Bach

Jnsel - - - - - - -

Ruine _____

19

18

Schlösschen - - - - - -

Legende zum „Plan des englischen Barks Greenfild bei Waldenburg" vom 25. September 1813

1.)   Weg durch die Eichen-Allee nach dem Schloß und durch den Bark (sic!) bis an den Triankular (sic!)
2.)   daß Schloß und Schloßgut.
3.)   der Marstall in den welschen Garten.
4.)   die Hofküche.
5.)   die Oekonomie-Gebäude.
6.)   die Scheune mit altgothischer Dekoration.
7.)   ein Behältniß für Seidenhaßen,
8.)   eine Stadua
9.)   der Elisensee.
10.)   ein Japanisches Häusgen von Latten,
11.)   englische Brücken.
12.)   sämtliche Teiche
13.)   eine sitzende Stadua.
14.)   ein Parasoll auf Säulen ruhend, nach altgothischer Dekoration,
15.)   die daran liegenden Felder,
16.)   eine Pflaumen Allee,
17.)   der Küchengarten,
18.)   die Ruine,
19.)   ein japanischer Parasoll auf Säulen ruhend,
20.)   eine Grotte.
21.)   ein alter Aart worauf ein Blumenkörbchen
22.)   das Badehaus nebst dazu gehöriger Röhrenfahrt.
23.)   ein Postament worauf eine Urne,
24.)   die Irmensäule,
25.)   ein durch den Felsen gehender Weg.
26.)   Steinbrücke.
27.)   die Einfassung des Thiergartens,
28.)   ein Denkmal unseres geliebten Erstgeborenen.
29.)   ein holländisches Landhäuschen,
30.)   die Einsiedlerhütte,
31.)   ein Parasoll an vier Säulen hängend,
32.)   der Gesundheitsquell,
33.)   eine Urne,
34.)   der Triankular,
35.)   die Oberwinkler Mühle,
36.)   die Fischerhütte,

37.)   ein Bassin nebst Fontaine,

38.)   ein Halbzirkel mit einem Brahm,[91]

39.)   das Dianenbad,

40.)   ein rauschender Wasserfall.

41.)   Fußweg nach der steinernen Brücke auf die Chaussee.

42.)   Aussichten,

43.)   der Oberwinkler Berg,

44.)   Wiesen des Dorfes Oberwinkel,

45.)   einige Hütten und Häußer desselben Dorfes,

46.)   die Kirche nebst Pfarrwohnung daselbst,

47.)   englische Wege,

48.)   eine altgothische Brücke,

49.)   zwei Sphingen,

50.)   Weg nach dem Remisser Teichdamm

51.)   Weg zum Schloß nach der Altstadt

52.)   eine Säule woran das Verbot des Reitens und Fahrens nach dem Park.

53.)   Weg nach dem Elisensee und Schloß.

Waldenburg, den 25ten Septbr. 1813
J. B. Eichen."

---

91   Vermutlich: Bram = Teil eines Schiffsmastes (eine Art Fahnenstange?).

Zusammenfassung

Die südlich der Stadt Waldenburg in der Flussaue und im Tal des Ober-winkler Bachs, einem Seitental der Zwickauer Mulde, gelegene Park-anlage Greenfield, die eine Fläche von 113 ha umfasst, wurde von 1780 bis 1795 im Auftrag von Otto Carl Friedrich Fürst von Schönburg-Wal-denburg (Abb. 30) durch den Waldenburger Hofgärtner Johann Bern-hard Eichen und dessen Mitarbeiter – meist einheimische Bauern und Handwerker – angelegt. Obwohl archivalisch bislang nicht belegt, nimmt Hugo Koch an, dass die größeren Bauten im Park vom Dresdner Archi-tekten Gottlob August Hölzer (1744–1814) – einem Schüler von Fried-rich August Krubsacius (1718–1789) und wie dieser ein Hauptvertreter der edlen Einfalt im Sinne des Klassizismus – stammen könnten, der in enger Verbindung mit dem Fürsten Schönburg-Waldenburg stand und seit 1790 als Nachfolger seines Lehrers die Funktionen des Oberlandes-baumeisters und Professors an der Kunstakademie inne hatte. Entspre-chend einflussreich war Hölzers Stellung im sächsischen Bauwesen.[92] Otto Eduard Schmidt vermutet hingegen, dass Christian Friedrich Schu-richt (1753 –1832) – gleichfalls Schüler von Krubsacius – der Urheber der Gartenbauten gewesen sein könnte, da zahlreiche Entwürfe, die er zu Illustrationen von C. C. l. Hirschfelds *„Theorie der Gartenkunst"* geliefert hatte, in ihrem Charakter *„die meiste innere Verwandtschaft* [...] *mit den Bauten des Grünfelder Parks* [zeigen]."[93] Auch Christian Traugott Weinlig (1739–1799) – ebenfalls mit Entwurfszeichnungen zu Gartenbauten als Mitarbeiter an Hirschfelds Gartentheorie beteiligt, könnte in Grünfeld zu Rate gezogen worden sein. Die Bauausführung aller Parkgebäude lag je-doch in der Obhut des einheimischen Baumeisters Vogel.[94] Auf alle Fälle scheint sich Otto Carl Friedrich von Schönburg bei seinem umfangrei-chen Bauvorhaben des guten Rats vieler Experten bedient zu haben, so auch jenem von Adam Friedrich Oeser (1717–1799), dem Direktor der Leipziger Kunstakademie, dessen Einfluss auf einzelne Denkmalsentwür-fe deutlich zu verspüren ist[95], wie es u. a. das Beispiel des Denkmals für den Erstgeborenen Otto Alexander (1781–1782) verdeutlicht, das zwar in den Proportionen gestreckt, ansonsten aber eindeutig einer Entwurfsvor-lage Oesers aus dessen Stammbuch folgte (vgl. Abb. 21). Ebenso könnten die Stuckaturen im Badehaus – die Ähnlichkeiten mit jenen im Festsaals des Schlosses Wolkenburg aufweisen, auf Entwürfe des Logenbruders Oeser zurückzuführen sein.

92 KOCH 1910, S. 311, 386.
93 SCHMIDT 1931, S. 90.
94 Vgl. THÜMMLER 2019, S. 475.
95 Vgl. VOGEL 2019A, S. 81-85.

Das in der Muldenaue gelegene Gelände, das sich bis zum nahen Höhenzug des Callenberger Berges erstreckt, bot von Natur aus mit seinen Wiesen- und Weideflächen, mit den frei stehenden Baumgruppen, den Teichen und Gewässern, aber auch mit dem auf dem Bergrücken sich erstreckenden Laubwald die idealen Voraussetzungen zur Umgestaltung in eine idyllische englische Parkanlage. Hier ließ sich problemlos ein nahtloser Übergang von der artifiziellen Natur hin zur natürlichen Landschaft bewerkstelligen. Otto Carl Friedrich fand damit ein ideales Gelände für seinen englischen Park vor, wie er es ähnlich im „Gartenkalender auf das Jahr 1783" beschrieben worden war:

„Ein Englischer Garten, so wie wir ihn uns vorzustellen haben, ist ein Platz von weitem Umfange, den der Besitzer entweder an einen See oder Flusse oder an Bergen oder in Thälern gewählet hat. Ein natürlich schöner Platz, kein Alltagsgegenstand, aus dem sich wieder andere neue Gegenstände schaffen lassen. Und hier ist, wo es Kopfs bedarf, um nicht für die gegenwärtige Zeit, sondern für die Zukunft zu denken, wie sich das alles erheben und zeigen wird, wie das Ganze groß und edel bleibt. Der Anbauer solcher natürlichen Schönheiten, die eine Verfeinerung durch Auswahl einheimischer und ausländischer Bäume, durch angebrachte Brücken, Wasserfälle, Fähren, die sich durch Ruderwerk leicht bewegen lassen, Tempel, Einsiedeleien, Ruinen, Urnen u. dgl. erhalten, und daher natürlich schöne Gärten genennet werden, sammlet alles im Geiste dahin zusammen, ordnet es nach der Lage seines Platzes mit weiser Sparsamkeit, so, daß er eher zu wenig als zu viel Kunst darin bemerken läßt, weil der Gang der Natur an die Kunst gränzt, und die letztere nur selten durchblicken muß, wenn unser Auge nicht ermüden soll. Ein grosser Rasenplatz am Flusse herabhängend, an den Seiten mit schönem Gebüsch eingeschlossen, giebt natürlich eine lachende freye Ansicht."[96]

Die eigentliche Anregung zu dieser Parkanlage brachte Otto Carl Friedrich von Schönburg jedoch von seiner 1776 zunächst durch Deutschland und dann von 1777 bis 1779 noch durch die Schweiz, Frankreich und nach England unternommenen „Großen Kavalierstour" mit, denn er hatte unterwegs viele Gärten kennengelernt, u. a. die von Windsor, Hamptoncourt, Kensington, Twickenham an der Themse, Kew, Richmond, aber auch von Wörlitz in Anhalt. Die Kenntnis der neuartigen Gartenanlagen im anglo-chinoisen Landschaftsstil boten ihm zahlreiche Anregungen und Vorbilder für die eigenen Planungen in Waldenburg.[97] Dabei ging die ursprüngliche Bezeichnung „Greenfield" nicht auf einen konkreten englischen Park gleichen Namens zurück, sondern wurde als fürstliche

---

96   HIRSCHFELD 1782, S. 177-178.
97   Vgl. SCHMIDT 1931, S. 10-32; VOGEL 1987, S. 226; HIRSCH 2016, S. 83.

,Eigenschöpfung' zur Bezeichnung einer ornamental farm geprägt[98], mithin um gemäß der damaligen Mode einen durch gartenkünstlerische Gestaltung ausgeschmückten Gutsbezirk zu bezeichnen, der aus Forst-, Acker-, Wiesen- und Wasserflächen bestand, dessen Gelände weiterhin der Waldwirtschaft, dem Feldbau, der Viehzucht und dem Fischfang – wenn auch mit eingeschränkter Nutzung – zur Verfügung stand. Der englische Begriff schien besser das neuartige Wesen eines solchen Gartentyps zu charakterisieren, als das mit dessen Eindeutschung „Grünfelder Park" gelungen wäre. Letztlich setzte sich im Laufe der Zeit doch in der einheimischen Bevölkerung die deutsche Namensform durch. Im Park Greenfield ging es im damals modernen physiokratischen Verständnis um die ästhetische Verschönerung einer bereits vorhandenen Kulturlandschaft, deren wirtschaftliche Nutzung und die damit verbundene fortbestehende ökonomischen Zweckbestimmung durch künstlerische Verschönerungsmaßnahmen so getarnt wurde, dass sie als solche in ihrer ,natürlichen Wirkung' kaum noch erkennbar war und deshalb zum erholsamen, philosophisch-reflektierenden Lustwandeln einlud. Es gelang mit einem derartig ins Idyllische oder Erhabene transformierten – also verschönerten – Landschaftsareal zugleich dessen Umwidmung zu einer Stätte des physischen Vergnügens und intellektuellen Lustgewinns. Ökonomische mit hedonistischen Faktoren konnten auf diese Weise durch Anwendung des Prinzips der Koppelung des Nützlichem mit dem Schönen einigermaßen widerspruchsfrei miteinander verknüpft werden. Dabei gelang es auch topographisch, das neu erworbene Parkgelände mittels einer durch den Außenpark führenden Allee direkt mit dem Schlossgarten zu verbinden, so dass die Spazierwege zwischen Schloss und Park zu einer künstlerischen Einheit verschmolzen, innerhalb der sich ein großer Teil des höfischen Lebens der Waldenburger Fürstenfamilie als Ort moderner höfischer Repräsentation im Sinne des aufgeklärten Absolutismus abspielen konnte. Johann Bernhard Eichen hatte mit seinem bereits 1787 erstellten Plan des äußeren Parks (vgl. Abb. 39) dazu die gestalterischen Voraussetzungen geliefert. Die Prospekte von Parkszenerien (vgl. Abb. 23-27) mit der lustwandelnden Gesellschaft der fürstlichen Familie als Staffagefiguren in der idealisierten Landschaft von Wirtschafts-, Bildungs- und Naturraum, die Johann Christian Klengel (1751–1824) in einer ganzen Bildserie schuf, belegen dies auf eindrucksvolle Weise.[99]

---

98 Es ist auch der Begriff *ornamented farm* üblich.
99 Vgl. Anm. 29.

Der Grünfelder Park zu Waldenburg in Daten

- **1726–1934** Die Müllerfamilie Glänzel betrieb neben ihrer Mahlmühle am Rande des später angelegten Parks Greenfield eine Schankwirtschaft
- **1780** Otto Carl Friedrich von Schönburg-Waldenburg kauft das bei Oberwinkel gelegene Gut zur Anlage eines englischen Landschaftsparks im Typus einer ornamental farm.
- **1780–1795** Ausbau des Parks Greenfield durch Otto Carl Friedrich von Schönburg. Es entstehen in dieser Zeit die wichtigsten Bauten und Denkmäler (vgl. Legende zu Johann Bernhard Eichens Grundriss des Parkes von 1795)
- **1786** Das aus Rochlitzer Porphyr bestehenden Renaissanceportal vom alten Waldenburger Schloss, das bereits am 9. Februar 1619 abgebrannt war, und seither als Ruine stehen blieb, wird in den Grünfelder Park versetzt, wo es als Tor „Der stillen Naturfreude" den Eingang zum Park bildet
- **1787** Johann Bernhard Eichen liefert den Entwurf zu einem Gestaltungsplan für den äußeren Parkbezirk am Elisensee
- **1786–1787** Errichtung des römischen Bade- oder Gartenhauses als Geschenk an die conjugi optimae, die „beste Gemahlin" Fürstin Henriette, und als Zeichen der Liebe und Freundschaft zwischen den Eheleuten
- **9. März 1788** Anstellung des Gärtners Johann Gottfried Mirtzsch als erster Gärtner für die Pflege der Anlagen in Greenfield mit einem Jahresgehalt von 120 Reichstalern, freier Wohnung, Feuerholz und das erforderliche Öl für die Beleuchtung (vermutlich bis zur Beendigung des Dienstverhältnisses); laut fürstlichem Dekret wurde die Stelle des Gärtners Baumann (für die übrigen fürstlichen Gärten in Waldenburg [?]) beibehalten
- **1789/90** Johann Christian Klengel erhält den Auftrag zur Schaffung von sechs großformatigen Ölgemälden mit Ansichten von Partien im Park Greenfield nach der Natur zu malen, die zugleich sein Schüler Johann Gottlieb Samuel Stamm (1767–1814) zur Popularisierung des Parks z. T. als kolorierte Radierungen herausgab
- **1795** Anbringung einer Inschriftentafel an der Grotte zum Wildgehege mit dem Verbot des Zutritts jenseits des Wildzauns
- **1798** Errichtung des Manufakturgebäudes (Alte Fabrik) im Außenpark
- **4. Juli 1799** Die Hochzeitsfeierlichkeiten zur Vermählung von Carolina Alexandra Henriette Jeanette (Jenny) von Schönburg-Waldenburg mit Heinrich Erbgraf zu Stolberg-Wernigerode fanden mit zahlreichen Aufführungen und Konzerten zum Teil im Grünfelder Park statt

- **1795–1800** Die verschönernde Ausgestaltung des Parks setzte sich bis zum Tod des Fürsten am 29. Januar 1800 fort. Die Gesamtausgaben des Fürsten für den Ausbau des Parks beliefen sich auf über 40.000 Reichstaler
- **1800–1816** Nach dem Tode Otto Carl Friedrichs von Schönburg führt dessen Gemahlin Henriette die Ausgestaltung des Parks nur äußerst behutsam weiter bzw. konzentrierte sich auf den Erhalt der Anlage, wie an den unmerklichen Veränderungen auf dem Plan von Johann Bernhard Eichen vom Sept.1813 deutlich abzulesen ist. (vgl. Legende zu Johann Bernhard Eichens Gartenplan von 1813)
- **1813–1816** Am Ort des ehemaligen Triangulars wird das Mausoleum errichtet, was jedoch nie zu diesen Zweck genutzt werden konnte, weil es zu feucht war. Eine Taxation des Parkgeländes ergibt in dieser Zeit für die Gesamtanlage des Parks nur noch 19.760 Reichstaler. Die ungünstige wirtschaftliche Situation zur Zeit der Befreiungskriege und danach führt deshalb zur Verpachtung der Meierei, des Küchengartens und des Welschen Gartens.
- **25. Mai 1815** Anstellung des Gärtners Johann Bernhard Eichen als Gärtner[100] (entweder handelt es sich dabei um den gleichnamigen Sohn des Schöpfers der beiden Gartenpläne von 1795 und 1813 oder Johann Bernhard Eichen hatte diese Pläne für das fürstliche Haus Schönburg erstellt, ohne noch in dessen Diensten als Gärtner zu stehen)
- **23. Oktober 1815** Johann Bernhard Eichen tritt als „hiesiger Hofgärtner" seine Stelle an; diese Anstellung scheint nur kurzfristig gewesen sein.
- **Um 1815/17** ein Gärtner Rundnagel ist im Park Greenfield tätig
- **3. März bzw. 30. Mai 1817** Neue Bestallung für den Gärtner Johann Christoph Mirtzsch[101]
- **1. März 1828** Johann Adam Kästner wird als Nachfolger des Gärtners Mirtzsch in Greenfield als Hofgärtner angestellt, wo er bis zu seinem Tode am 5. Mai 1849 wirkte
- **30. Juni 1829** Fürstliche Instruktionen ergehen an den Gärtner Helmrich
- **24. April 1830** Schreiben von den Gärtnern Johann Gottlob Grumbrecht und Karl Friedrich Krause über Lohnerhöhungen und in den

---

100 Da Johann Bernhard Eichen schon auf den Plänen von 1787, 1795 und 1813 als Gärtner bzw. Gartenbaukonduktor genannt wird, muss gemutmaßt werden, dass es sich dort um den gleichnamigen Vater des „hiesigen Hofgärtners" Johann Bernhard Eichen (jun.?) handelt. Untersuchungen zum Gärtner Eichen stehen noch aus.

101 Vermutlich handelt es sich auch hier um den Sohn des bereits 1788 für Greenfield bestallten Gärtners Johann Gottfried Mirtzsch (sen.?), denn in beiden Fällen der Gärtnerbestallungen von Eichen und Mirtzsch ergibt sich ein Altersunterschied von einer ganzen Generation! Eine doppelte Bestallung – zumal im hohen Alter – ergibt keinen Sinn.

Monaten März bis August eine Stunde länger arbeiten zu dürfen und dafür Lohn zu bewilligen

- **Um 1836/38** Beginn der Bestrebungen zur Verbesserung der Anlagen im Bereich des Gutshauses durch den Sohn Otto Viktor I. mit einer Neukonzeption der Gesamtanlage unter Anwendung moderner Gestaltungsrichtlinien. In der Folgezeit standen ihm zur Seite: Carl Adolph Terscheck (1782–1869), der u. a. 1819–1821 für die Anlage des englischen Teils vom Garten am Japanischen Palais verantwortlich zeichnete; der Garteninspektor vom Park Fantaisie bei Bayreuth, Dr. Ekhart (1836), und der Kunstgärtner Zeissig aus Coburg (1839)
- **August 1838** „Plan vom Theil der jetzt bestehenden Anlagen Grünfelds nach einer Aufnahme von Arndt, gezeichnet und zum Behuf einer Anlagenverbesserung ergänzt von W. Mauerer" im Maßstab 500 Fuß Dresdner wird erstellt. Er stellt die Umgebung des Schlösschens und der Gebäude bis zum Elisensee dar, betrifft also die Gestaltungsverbesserungen im Vorpark (Plan Nr. 315, Archiv Glauchau)
- **1841–1842** Abbruch des Gutshauses (Landhauses)
- **1842** Auflösung des Wildgeheges im abgeschlossenen Wildpark
- **1843/48** Errichtung des 22m hohen Aussichtsturmes (Jagdturm) im englisch-normannischen Stil
- **1844–1846** Umbau des ehemaligen Küchengebäudes zum Teehaus in Gestalt einer italienischen Villa mit Loggia und Turm (auch: Parkschlösschen genannt)
- **1844** Das bislang als Ruine bezeichnete Tor am Eingang zum inneren Park erhält seine heutige Gestalt
- **1844** Der Zeugmacher-Meister Christian Gottlieb Winkler kaufte im Parkgelände des Vorparks das Gebäude eines Webers mit alter Bausubstanz aus dem 18. Jahrhundert, das er später zum „Gasthof Grünfeld" ausbaute
- **5. April 1848** Im Zuge der revolutionären Auseinandersetzungen wird das Waldenburger Schloss während der Unruhen von 15.000 aufbegehrenden Arbeitern, Bauern und Handwerkern in Brand gesteckt.
- **1856–1859** Wiederaufbau des Waldenburger Schlosses
- **1859** Paul Julius Rehder (1833–1917), der Sohn des ersten Park-Inspektors des Muskauer Parks, Jacob Heinrich Rehder (1790–1852), wird in Waldenburg Hofgärtner mit einem Monatsgehalt von 25 Talern, freier Wohnung, Feuerholz und Beleuchtung.
- **1862** Christian Gottlieb Winkler erhält die Schankkonzession für seinen „Gasthof Grünfeld"
- **1866** Anlage eines mit Linden bepflanzten Biergartens neben dem „Gasthof Grünfeld" (Abb. 99)

- **1869** Erweiterung des „Gasthofs Grünfeld" um einen Tanzsaal
- **10. Mai 1875** Inbetriebnahme der Strecke Glauchau-Penig als Teilstrecke der Muldentalbahn Glauchau-Wurzen, die auf einem kurzen Abschnitt durch den Grünfelder Park führt
- **Frühjahr 1888** Einweihung des Otto-Victor-Denkmals im Lustgarten am Waldenburger Schloss (1945 abgebrochen) (Abb. 100)
- **um 1880** Polygonaler Anbau am Gotischen Haus errichtet
- **1888** Hofrat Dr. Lamprecht, der Gegenspieler des Hofgärtners J. Rehder, fordert dessen Entlassung, die aber vom Fürsten nicht genehmigt wird
- **16. September 1892** Der Hofgärtner Franz Wildner wird als Schlossgärtner eingestellt[102]
- **24. März 1894** Pensionierung des fürstlichen Park- und Garteninspektors Paul Julius Rehder
- **1921–1929** Günther Fürst von Schönburg-Waldenburg (1887–1960 Salzburg) erweist sich als Förderer der Künste und Wissenschaften. Er initiiert die „Waldenburger Tafelrunde" und organsiert hochkarätige Konzerte, Gesprächsrunden usw. in Schloss Waldenburg und richtet erneut seine Aufmerksamkeit auf den Grünfelder Park.
- **9.–12. Juni 1922** Fürst Günther lädt anlässlich der Verlobung der Droyßiger Prinzessin Amélie von Schönburg-Waldenburg mit Adolf Fürst zu Bentheim-Tecklenburg ca. 60 Hausgäste zu einem dreitägigen Rokoko-Fest nach Waldenburg ein, zu dem alle Teilnehmer, inklusive die Dienerschaft und Musiker, in Rokokokostüme gekleidet waren. Am 9. Juni Aufführung des Opern-Intermezzos „Die Magd als Herrin" („La serva padrona") von Giovanni Battista Pergolesi und das Singspiel „Der Schauspieldirektor" von Wolfgang Amadeus Mozart im Grünfelder Park. Am 10. Juni Uraufführung des „Menuetts Kastaniola" aus der Feder der Sophie Fürstin von Albanien.
- **Juli 1923** Entwurf zur Umgestaltung von Park Grünfeld in der Herrschaft Waldenburg (Abb. 101) durch den Leipziger Gartenarchitekten Otto Moßdorf (Plan Nr. 513, Archiv Glauchau), der sich schon 1893, anlässlich des 50-jährigen Bestehens des Leipziger Gärtner-Vereins, als Lindenauer Baumschul- und Gartenbesitzer am Wettbewerb zur Schaffung eines Palmengartens nach dem Vorbild in Frankfurt am Main beteiligt und dabei den zweiten Platz belegt hatte, wurde danach mit der Umsetzung des Siegerentwurfs des Frankfurter Gartentechnikers Eduard May beauftragt und hatte sich seither als Gartenarchitekt qualifiziert. Dieser Moßdorf-Plan wurde allerdings nie umgesetzt, da er sich mit der Schaffung neuer Sichtachsen eigenwillig

---

102 StAC 30593 (Herrschaft Waldenburg Nr. 2142). Für den Hinweis danke ich Herrn Dr. Arnd-Rüdiger Grimmer, Berlin, ganz herzlich.

über die topographischen Naturgegebenheiten hinweggesetzt hatte

- **1925** Der alte Tanzsaal am „Gasthof Grünfeld" wird abgerissen und durch einen vergrößerten Bau ersetzt (Abb. 102)
- **20. Juni 1925** Einweihung eines Gartenhauses im fürstlichen Lustgarten, das zu Ehren der Schwester des Fürsten den Namen „Kastanienhaus" trug
- **9./10. September 1926** Uraufführung der Oper „Der Goldene Schlüssel" von Sophie Helene Cecilie Fürstin von Albanien, geb. Prinzessin von Schönburg-Waldenburg, (1885–1936), der Schwester des Fürsten Günther, im Grünfelder Park
- **1928** Die Flur Grünfeld wird in die Altstadt aufgenommen
- **1934** Integration der Altstadt Waldenburgs in die Stadt Waldenburg
- **1935** Der Grünfelder Park wird auf Grund des Sächsischen Heimatschutzgesetzes unter Denkmalschutz gestellt
- **1945** Die Glänzelmühle dient als Offizierslazarett (und später als Kindererholungsheim)
- **Mai 1945** Der Park wird Volkseigentum und im Laufe der Zeit durch die Wasserwirtschaft, Fischwirtschaft und die LPG genutzt
- **4. Juli 1954** Eröffnung der Freilichtbühne im Grünfelder Park aus Anlass der 700-Jahrfeier der Stadt Waldenburg
- **1959** Teilweise Eindeichung der Mulde
- **um 1960** Errichtung des Wasserbassins vor dem Badehaus
- **1961** Abriss des alten Gebäudes der Glänzelmühle wegen Baufälligkeit (nach anderen Angaben erfolgte der Abbruch erst 1964)
- **1968** Der von 1843/48 stammende Jagdturm, sollte aufgrund seines noch relativ guten Bauzustandes als Aussichtsturm belassen werden. Damit setzte sich zunächst ein Ratsbeschluss gegenüber dem gleichzeitigen Abbruchvorschlag durch
- **1966** im Bereich des Parkschlösschens Verlegung des Bachs in Richtung Osten; Ausbau des ehemaligen „Gasthofs Grünfeld" zum Erholungsheim des VEB Leunawerke „Walter Ulbricht" zunächst für 80 Personen
- **1968** Rekonstruktionsplan des Parks durch das Parkaktiv erstellt
- **1970** Restaurierung des Badehauses zur musealen Nutzung (Einweihung anlässlich des Parkfestes)
- **1970–1977** Umfangreiche Instandsetzungsarbeiten an den Baulichkeiten des Parks; auf Beschluss des Kreistages Glauchau Nr. 89/77 vom 29. September 1977 soll das Parkschlösschen bis 1980 als Ferienobjekt ausgebaut werden
- **1973** Sprengung des 22 Meter hohen Aussichtsturmes im englisch-normannischen Stil

- **1973–1975** Neuverputzung und farbige Neufassung der Gebäudegruppe Parkschlösschen (vorgesehen als Erholungsheim), Gotisches Haus (als Wohnhaus) und Wirtschaftsgebäude (als Werkstatt und Lager für das Personal der Parkpflege)
- **1975–1976** Sicherung des Mausoleums (zunächst noch ohne Nutzungskonzept)
- **1995** Totalabriss des ehemaligen „Gasthofs Grünfeld" mit allen Nebengebäuden
- **13. August 2002** Stilllegung des Streckenabschnitts Glauchau-Wechselburg der Muldentalbahn

LITERATURVERZEICHNIS

ANONYM 1914
Anonym: Naturschönheiten und Denkmäler in Grünfeld, in. Schönburgische Geschichtsblätter. Beiträge zur Geschichte der ehemaligen Schönburgischen Rezeß-und Lehnsherrschaften. Monatsbeiträge zum Schönburger Tageblatt. Nr. 13, Waldenburg/Sa. 31. Juli 1914, S. 52.

BERCKENHAGEN 1967
Ekhart Berckenhagen: Anton Graff. Leben und Werk. Berlin 1967

BÖTTGER 2009
Thomas Böttger: Die Mulde. Eine Bilderreise entlang des schnellsten Flusses Europas. Witzschdorf 2009

DONATH 2010
Matthias Donath: Schlösser im westlichen Erzgebirge. Meißen 2010

DONATH 2012
Matthias Donath: Schloss Waldenburg, Zwickau 2012

FISCHER 1915
Richard Fischer [-Glauchau]: Der Grünfelder Park, ein Muster heimatlicher Waldgestaltung, in: Schönburgische Geschichtsblätter. Beiträge zur Geschichte der ehemaligen Schönburgischen Rezeß-und Lehnsherrschaften. Monatsbeiträge zum Schönburger Tageblatt. Nr. 21, Waldenburg/Sa. 31. März 1915, S. 81-83 und 87-88.

FLEMMING O. J.
Alfred Flemming: Führer durch das schöne Muldental. Eine Wanderfahrt von Rochlitz nach Glauchau von Alfred Flemming, Penig, unter Verwendung geschichtlicher Dokumente. o. O. und o. J. (um 1900)

FISCHER 1915
Richard Fischer: Der Grünfelder Park. Ein Muster heimatlicher Waldgestaltung, in: Schönburgische Geschichtsblätter. Beiträge zur Geschichte der ehemaligen Receß- und Lehnsherrschaften 21 (1915), S. 81-84; 22 (1915), S. 87-88.

FISCHER 1928/36
Richard Fischer: Park Grünfeld bei Waldenburg und die Reliefbilder am Badehaus im Grünfelder Park, in: Heimatwarte: Blätter für Heimatkunde in den Schönburgischen Landen. Beilage zu, Glauchauer Tageblatt für Stadt und Land: General-Anzeiger für den Mülsengrund-Glauchau, Nr. 6 und 7, Glauchau 1928-1936 [Ratsdruckerei R. Dulce]

FLÄMIG
H. Flämig: Der Grünfelder Park – eine landschaftliche Perle unserer schönen Heimat. o. O. u. o. J. (nach 1954)

FRICKERT 1992
Matthias Frickert: Die Nachkommen des 1. Fürsten von Schönburg. Glauchau 1992

FRÖHLICH 2005
Anke Fröhlich: „Glücklich gewählte Natur …". Der Dresdner Landschaftsmaler Johann Christian Klengel (1751-1824). Monographie und Werkverzeichnis der Gemälde, Zeichnungen, Radierungen und Lithographien. Hildesheim, Zürich, New York 2005 (Studien zur Kunstgeschichte. Band 161)

FRÖHLICH 2012
Anke Fröhlich: Die Muldenflüsse. Mulden-Flusslandschaften in der bildenden Kunst von den Anfängen der Landschaftsmalerei bis zum Beginn des 20. Jahrhunderts, in: Andreas Martin, Anke Fröhlich: Die Flusslandschaft an den Mulden. Frühe Wanderungen in bildender Kunst und Reiseliteratur. Dresden 2012, S. 8-56.

GÖTZE 2009
Robby Joachim Götze: Sophie Fürstin von Albanien Prinzessin zu Wied Prinzessin von Schönburg-Waldenburg. Eine Bildbiographie. Waldenburg 2009

GRAU, REINHARD: Denkmale der Landschafts- und Gartengestaltung im Bezirk Karl-Marx-Stadt (hrsg. vom Bezirkskunstzentrum Karl-Marx-Stadt. Karl-Marx-Stadt o. J. (1984?)

GRIMMER 2004
Arnd-Rüdiger Grimmer: Otto Victor I., Fürst von Schönburg-Waldenburg, in: Stadt Waldenburg (Hg.): Zwischen Residenz und Töpferscheibe. 750 Jahre Waldenburg. Meerane, Waldenburg 2004, S. 65-79

GRIMMER 2013
Arnd-Rüdiger Grimmer: Alfred Rehder: His German Roots, in: Arnoldia, vol. 71 (2013), S. 12-17.

GRIMMER 2015
Arnd-Rüdiger Grimmer: Die Taten zählen. Fürst Otto Victor I. von Schönburg-Waldenburg und sein Wirken für Lichtenstein. Schriftenreihe: Geschichte und Geschichten aus Lichtenstein. o. O. [Lichtenstein] 2015

GROHMANN 1796
Johann Gottfried Grohmann (Hg.): Ideenmagazin für Liebhaber von Gärten, Englischen Anlagen und Besitzer von Landgütern um Gärten und ländliche Gegenden, sowohl mit geringem, als auch grossem Geldaufwand, nach den origi-

nellsten Englischen, Gothischen, Sinesischen Geschmacksmanieren zu verschönern und zu veredeln. Achter Heft. Leipzig 1796

GÜNTHER/WETZEL 2013
Britta Günther, Michael Wetzel (Hg.): Die Grafen und Fürsten von Schönburg
im Muldental. Beiträge der Veranstaltungsreihe „100 Jahre Residenzschloss Wal-
denbur" im Jubiläumsjahr 2012 sowie des Kolloquiums am 23. Juni auf Schloss
Waldenburg. Olbersdorf 2013 (Adel in Sachsen. Bd. 1)

HANSCHMANN 1895
A. B. Hanschmann: Waldenburg und das Muldenthal. Eine landschaftlich-
geographische Skizze. Ein Führer durch Stadt Waldenburg und Umgebung für
Reisende und Sommerfrischler und eine Heimatkunde für Schulen. Waldenburg Sa. 1895

HINTERGLAUCHAU 1990
Museum und Kunstsammlung Schloß Hinterglauchau (Hg.): Die Schönburger.
Wirtschaft. Politik. Kultur. Glauchau 1990

HIRSCH 1985
Erhard Hirsch: Dessau-Wörlitz. Aufklärung und Frühklassik. Leipzig 1985

HIRSCH 2016
Erhard Hirsch: Von deutscher Frühklassik. Ein Dessau-Wörlitzer Lese- und
Quellenbuch. Chronologisch geordnet. Wettin, OT Dößel 2016

HIRSCHFELD 1782
[Christian Cajus Laurenz Hirschfeld]: Was sind Deutschlands Englische Gärten?
Was sollten sie seyn?, in: C. C. L. Hirschfeld (Hg.): Gartenkalender auf das Jahr
1783, Zweyter Jahrgang, Kiel, Dessau 1782, S. 175-180.

HIRSCHFELD 1779/85
Christian Cajus Laurenz Hirschfeld: Theorie der Gartenkunst. Leipzig 1779-1785

JOUANNE 1868
Adolphe Jouanne: Les environs de Paris illustrés, 2e édition, Hachette, Paris 1868

KELLER 2009
Susanne B. Keller: Königliche Kunst. Freimaurerei in Hamburg seit 1737. Mün-
chen, Hamburg 2009

KOCH 1910
Hugo Koch: Sächsische Gartenkunst. Berlin 1910

MINCKWITZ 1856
Johannes Minckwitz: Illustrirtes Taschenwörterbuch der Mythologie aller Völker. Leipzig 1856 (Zweite Aufl.)

NIEDERMEIER/SEILER 2007
Michael Niedermeier, Rolf Seiler (Hg.): Die Gärten von Ermenonville. Mitteilungen der Pückler Gesellschaft. 22. Heft – Neue Folge – Berlin 2007

RAU 2003A
Petra Rau: Friedrich Wilhelm Doell (1750–1816): Leben und Werk. Cluj-Napoca 2003

RAU 2003B
Petra Rau: „Unter diesen Goettern zu wandeln". Kunsthandel, Kunstjournale und Kunstmanufakturen im 18. Jahrhundert, in: Thüringer Landesmuseum Heidecksburg (Hg.): Antlitz des Schönen. Klassizistische Bildhauerkunst im Umkreis Goethes. Rudolstadt 2003, S. 59-89.

RESCH 1954
Fritz Resch: Aus der Geschichte unserer Stadt, in: Rat der Stadt Waldenburg (Hg.): 700 Jahre Töpferstadt Waldenburg 1254.1954, S. 11-46.

RICHTER 1912
Oskar Richter: Die Sphinx am Tor, in: Dresdner Logenblatt, Nr. 371, XLIII Jahres Nr. 2, S. 33.

RÖBER 1999
Wolf-Dieter Röber: Schönburgische Burgen und Schlösser im Tal der Zwickauer Mulde. Beucha 1999

ROTHE 1978
Helmut Rothe: Historische und ländliche Parkanlagen [im Bezirk Karl-Marx-Stadt], in: Sächsische Heimatblätter. 24/1978/1, S. 26-27.

ROYET 2004
Véronique Royet: Georges Louis Le Rouge. Jardins anglo-chinois. Paris 2004

SACHSENS KIRCHEN-GALERIE 1845 (12)
Sachsens Kirchen-Galerie. Zwölfter Band. Die Schönburgischen Receßherrschaften nebst den Ephorien Annaberg, Marienberg und Frauenstein. Dresden 1845

SCHMIDT 1925
Otto Eduard Schmidt: Lauchhammerwerke in Wolkenburg und Waldenburg. Ein Gedenkblatt zur Zweihundertjahrfeier des Lauchhammers, in: Mitteilungen des Landesvereins Sächsischer Heimatschutz. XIV. Bd, /1925 / Heft 5/6 (30. Juni 1925), S. 161-172.

SCHMIDT 1931
Otto Eduard Schmidt: Fürst Otto Carl Friedrich von Schönburg und die Seinen. Leipzig, o. J. (1931)

SCHMIDT 1931A
Otto Eduard Schmidt: Der Grünfelder Park: Eine Schöpfung des Zeitalters der Empfindsamkeit. Leipzig o. J. (1931); (Sonderabdruck aus: Otto Eduard Schmidt: Fürst Otto Carl Friedrich von Schönburg und die Seinen. Leipzig, o. J. (1931)

SCHUMANN 1816
August Schumann: Greenfield, Grünfield, in: Vollständiges Staats- Post- und Zeitungs-Lexikon von Sachsen, enthaltend eine richtige und ausführliche geographische, topographische und historische Darstellung aller Städte, Flecken, Dörfer, Schlösser, Höfe, Gebirge, Wälder, Seen, Flüsse, etc. gesamter Königl. und Fürstl. Sächsischer Lande, mit Einschluß des Fürstenthums Schwarzburg, des Erfurtschen Gebietes, so wie der Reußischen und Schönburgischen Besitzungen. Bd. 3. Friedrichswalde bis Herlachsgrün. Zwickau 1816, S. 406-408.

SOPHIE VON ALBANIEN 2007
Sophie Fürstin von Albanien Prinzessin zu Wied Prinzessin zu Schönburg-Waldenburg: „… was mich überlebt …". Mit einer Einleitung von Robby Joachim Götze. Waldenburg 2007

STADT WALDENBURG 2004
Stadt Waldenburg (Hg.): Zwischen Residenz und Töpferscheibe. 750 Jahre Waldenburg, Waldenburg 2004

THÜMMLER 2019
Alexandra Thümmler: Reichsstand, Pracht und Frömmigkeit. Repräsentationsformen der Grafen und Fürsten von Schönburg im 18. Jahrhundert. Leipzig 2019 (Schriften zur Sächsischen Geschichte und Volkskunde. Bd. 59)

THÜMMLER/SCHILLING 2019
Alexandra Thümmler, Anke Schilling: Elysische Gefilde. Der englische Park Greenfield bei Waldenburg. Waldenburg 2019

TOURISMUSAMT WALDENBURG (Hg.): Töpferstadt Waldenburg. Der englische Landschaftspark. Wegweiser Grünfelder Park (Parkplan), Waldenburg o. J. (ca. 2010)

VOGEL 1987
Gerd-Helge Vogel: Otto Carl Friedrich von Schönburgs Park „Greenfield" zu Waldenburg. Ein Beispiel für die Nachfolge und Weiterentwicklung der landschaftsgärtnerischen Absichten des Dessau-Wörlitzer Gartenreiches. In: Staat-

liche Schlösser und Gärten Wörlitz, Oranienbaum, Luisium (Hrsg.): Friedrich Wilhelm von Erdmannsdorff 1736-1800. Leben, Werk Wirkung. Wörlitz 1987, S. 225-235. (Wörlitzer Hefte 2)

VOGEL 1994
Gerd-Helge Vogel (Hg.): Klassizismus, Romantik, Realismus. Malerei und Graphik aus sächsischen Kunstsammlungen. Altenburg, Zwickau 1994

VOGEL 1996
Gerd-Helge Vogel: Kunst und Kultur um 1800 im Zwickauer Muldenland. Zwickau 1996

VOGEL 2009
Gerd-Helge Vogel: Christian Leberecht Vogel. Ein sächsischer Meister der Empfindsamkeit. Zum 250. Geburtstag. Zwickau, Dresden 2009

VOGEL 2013
Gerd-Helge Vogel: Ein aufgeklärter Fürst im Zwickauer Muldenland. Otto Carl Friedrich Fürst von Schönburg, in: Robert Eberhardt (Hg.): Anton Graff. Porträts eines Porträtisten. Berlin 2013, S. 112-116.

VOGEL 2014
Gerd-Helge Vogel: Von Stein bis Wolkenburg. »Mahlerische Reisen« durchs Zwickauer Muldenland – Burgen und Schlösser in historischen Ansichten. Berlin 2014

VOGEL 2017
Gerd-Helge Vogel: Christian Leberecht Vogel und die Welt Arkadiens. Idylle als Programm oder die Sehnsucht nach dem „saturnischen Reiche". Gedenkschrift zum 200. Todestag des Künstlers. Niederjahna 2017

VOGEL 2019A
Gerd-Helge Vogel: Von Abtnaundorf bis Wolkenburg. Adam Friedrich Oeser und die Kunst des anglo-chinoisen Gartens der Empfindsamkeit, in: Derselbe (Hg.): Adam Friedrich Oeser 1717-1799. Beiträge des 3. Internationalen Wolkenburger Symposiums zur Kunst vom 23. bis 25. Juni 2017 auf Schloss Wolkenburg, Berlin 2019, S. 39-114.

VOGEL 2019B
Gerd-Helge Vogel: Cathai und Nippon im Garten oder auf der Suche nach Glück. Chinoise Architekturen in der sächsischen und thüringischen Gartenkunst des 18. Jahrhunderts, Niederjahna 2019

VOGEL 2019C
Gerd-Helge Vogel: Die Einsiedels und die Vogels. Zwei Generationen des Zusammenwirkens von Mäzenen und Künstlern auf Schloss Wolkenburg. Berlin 2019

VOGEL/VOGEL VON VOGELSTEIN 2006
Gerd-Helge Vogel, Hermann Vogel von Vogelstein: Christian Leberecht Vogel.
Leipzig 2006

WETZEL 2004A
Michael Wetzel: Das schönburgische Amt Hartenstein 1702-1878. Sozialstruk-
tur-Verwaltung-Wirtschaftsprofil. Leipzig 2004 (Schriften zur Sächsischen Geschichte und Volkskunde, Bd. 10)

WETZEL 2004B
Michael Wetzel: Otto Carl Friedrich von Schönburg, in: Sächsische Biographie, hrg.
vom Institut für Sächsische Geschichte und Volkskunde e. V., bearb. von Martina
Schattkowsky.(20.12.2004) Online-Ausgabe: http://www.isgv.de/saebi/ (16.5.2020)

WILKE 1898/99
Emil Wilke: Was der „Bergfried" (alte Schloßturm) zu Waldenburg erzählt, in:
Schönburgische Geschichtsblätter. Vierteljahresschrift zur Pflege der Geschichte
im Gebiet der Schönburgischen Receß- und Lehensherrschaften, Waldenburg 5
(1898/99), S. 225-239.

WINKLER/RÖBER 1986
Steffen Winkler, Wolf-Dieter Röber: „Auf freiem Platz, ein großes Schloß". Ge-
schichte und Geschichten um Schlösser im Tal der Zwickauer Mulde zwischen
Glauchau und Rochlitz. Museum und Kunstsammlung Schloss Hinterglauchau.
Schriftenreihe, Heft 6, Glauchau 1986, S. 17-21 (Waldenburg)

ZIEGER 1962A
Hans Zieger: Der Grünfelder Park bei Waldenburg, in: Die Spindel. Kulturspiegel des Kreises Glauchau. Oktober 1962, Glauchau 1962, S. 2-5.

ZIEGER 1962B
Hans Zieger: Eine rätselhafte Inschrift, in: Die Spindel. Kulturspiegel des Kreises
Glauchau. Oktober 1962, Glauchau 1962, S. 5-6.

ZIEGER 1977
Hans Zieger: Der Grünfelder Park bei Waldenburg, in: Heimatfreund für das
Erzgebirge, Stollberg, 22/1977/7, S. 157-167.

ABBILDUNGSVERZEICHNIS

Frontispiz (Abb. 0): Anton Graff: Otto Carl Friedrich Fürst von Schönburg – Stein-Waldenburg, um 1785/90, Öl/Lw., 00 x 00, ehem. Bes.: Alexander Fürst von Schönburg, Schloss Hartenstein/Erzg., am 20. April 1945 bei der Bombardierung des Schlosses Hartenstein zerstört. (Foto: Repro aus: SCHMIDT 1931, S. 175)

1. „Der stillen Naturfreude". Eingangstor in den Grünfelder Park (Foto: GHV)
2. Unbekannter Künstler: Bildnis Albert Graf Friedrich von Schönburg-Stein, Foto: Genealogie
3. Unbekannter Künstler: Bildnis Georg Friedrich Ayrer, ca. 1770er Jahre, Öl/Lw., ehemals Privatbesitz Waldenburg, verschollen (Foto: SCHMIDT 1931, S. 5)
4. Anton Graff: Bildnis Christian August Clodius, 1769, Öl/Lw., 62 x 51 cm, Leipzig, Museum der bildenden Künste, Inv.-Nr. 467 (BERCKENHAGEN S. 90/91)
5. Alexander Speisegger, Bildnis Johann Caspar Lavater, 1785, Öl/Lw., Gleimhaus Halberstadt, (Foto: gemeinfrei)
6. Unbekannter Künstler: Bildnis Prof. Daniel Gottfried Schreber, Stanort unbekannt (Foto: wikimedia gemeinfrei)
7. Carl Christian Vogel (von Vogelstein): Porträt des Architekten Christian Friedrich Schuricht, 1813, Graphit auf Papier, Dresden, Staatl. Kunstslg, (Foto: wikimedia gemeinfrei)
8. Christian Leberecht Vogel: Bildnis der Fürstin Henriette von Schönburg-Waldenburg-Stein, geb. Gräfin von Reuß-Köstritz, nach 1813, Pastell, 64 x 56 cm, ehemals Schloss Lichtenstein, verschollen (Foto: SCHMIDT 1931, Taf. II (S.33)
9. Vermutl. J. G. W. Viertelshausen: Porträt Friedrich Albert Graf von Schönburg-Hartenstein, ca. 1760, Ol/Lw., 00 x 00 cm, ehemals Schloss Hartenstein, Kriegsverlust (Foto: wikimedia)
10. Anton Graff: Selbstbildnis, 1794/95, Öl/Lw., 168 x 105,5 cm, Dresden, Staatliche Kunstsammlungen, Gemäldegalerie Alte Meister, Nr. 2167 (Foto: gemeinfrei)
11. Christian Leberecht Vogel: Selbstbildnis, um 1779, Kreide in Schwarz, Rötel, weiß gehöht auf blauem Tonpapier, 34,8 x 27,8 cm, Klassik Stiftung Weimar, Graphische Sammlungen Weimar, Inv.-Nr. KK 4203 (VOGEL 2009, S. 19)
12. Christian Leberecht Vogel: Prinzessin Jenny von Schönburg-Waldenburg mit umgestürzter Blumenschale, 1782, Öl/Lw., 78 x 93 cm (oval), ehemals Waldenburg, Schloss, verschollen (SCHMIDT 1931, Taf. V)
13. Christian Leberecht Vogel: Bildnis Heinrich Eduard Prinz von Schönburg-Hartenstein, um 1792/93, Pastell, 27 x 22 cm (ursprünglich im Oval), ehemals Schloss Hartenstein, Kriegsverlust (Foto: Vogel/Vogelstein 2006, S. 83, Archiv GHV)
14. Christian Leberecht Vogel: Prinz Heinrich Eduard von Schönburg-Hartenstein am Schreibtisch, 1804, Öl/Lw., Wien, Palais Schönburg (Foto: Repro:

Vogel/Vogelstein 2006, S. 73)

15. Christian Leberecht Vogel: Bildnis Karoline Alexandra Henriette Jeanette (Jenny) Prinzessin von Schönburg-Waldenburg, um 1799, Öl/Lw., 100 x 79 cm, Öl/Lw., Glauchau, Museum und Kunstsammlungen Schloss Hinterglauchau (Foto: Repro Vogel/Vogelstein 2006, S. 77)

16. Christian Leberecht Vogel: Bildnis Victoire Albertine Prinzessin von Schönburg-Waldenburg, um 1800, 57 x 45 cm , Pastell, Rochsburg, Schloss Rochsburg (Repro aus SCHMIDT 1931, Tafel VII)

17. Christian Leberecht Vogel: Arkadische Landschaft mit Denkstein, 1785, Graphit, leicht aquarelliert, 31,1 x 24,7 cm, Städtische Kunstsammlungen Zwickau, Inv.-Nr. 1961/B/9 (Foto: Gregor Lorenz, Zschorlau; VOGEL 2009, S. 35)

18. Christian Leberecht Vogel: Dichterehrung, Sepia über Bleistift auf Büttenpapier, 17,6 x 17,4 cm. Privatbesitz, (Foto: Kunsthandel Winterberg-Kunst Heidelberg)

19. Christian Leberecht Vogel: Die deutsche Muse kniet vor Apoll, Kreide, 45,5 x 32,1 cm, Leipzig, Museum der bildenden Künste, Inv.-Nr. NJ4959

20. Anton Graff: Adam Friedrich Oeser, 1776, Öl/Lw., 65,3 x 53,9 cm, Frankfurt/Main, Freies Deutsches Hochstift, Goethe-Museum, Inv.-Nr. IV-1948-003 (aus: Maisack/Kölsch 2011, S. 73)

21. Adam Friedrich Oeser: Denkmalentwurf, Aquarell, 23,8 x 15,5 cm, (Stammbuch), Stadtgeschichtliches Museum Leipzig, Inv.-Nr. 01/13

22. Das Denkmal des Erstgeborenen im Grünfelder Park (Foto: GHV)

23. Johann Christian Klengel: Der Elisensee im Grünfelder Park zu Waldenburg im Abendlicht, 1789, Öl/Lw., 98 x 129 cm, Glauchau, Museum und Kunstsammlungen Schloss Hinterglauchau, Inv.-Nr. WA/G1 (Foto: VOGEL 1996, S. 46)

24. Johann Christian Klengel: Das Badehaus im Grünfelder Park zu Waldenburg, um 1789/90, Öl/Lw., 85 x 99,5 cm, Glauchau, Museum und Kunstsammlungen Schloss Hinterglauchau, Inv.-Nr. VK1/49 (Foto: VOGEL 1996, S. 45)

25. Johann Gottlob Samuel Stamm nach Johann Christian Klengel: Das Hauptal des Parkes Grünfeld bei Mondschein, um 1789/90, kolorierte Radierung, ehemals Waldenburg, Schloss (Foto: SCHMIDT 1931, S. 103)

26. Johann Christian Klengel: Das Dianenbad im Park von Grünfeld, um 1789/90, ehemals Waldenburg, Schloss (Foto: SCHMIDT 1931, S. 119)

27. Johann Gottlob Samuel Stamm nach Johann Christian Klengel: Das holländische Bauernhaus im Park zu Grünfeld, kolorierte Radierung, 33,1 x 38,5 cm, Glauchau, Museum und Kunstsammlung Schloss Hinterglauchau, Inv. Nr. VK2/3456 (Foto: SCHMIDT 1931, S. 115)

28. Giorgione und/oder Tizian: Hirtenkonzert (Fiesta campestre), um 1509, Öl/Lw., 110 x 138 cm, Paris, Musée du Louvre (wikimedia, gemeinfrei)

29. Johann Gottlob Samuel Stamm nach Johann Christian Klengel: Der Elisensee im Grünfelder Park, 1789, kolorierte Radierung (Foto: SCHMIDT 1931, S. 89)

30. Christian Leberecht Vogel: Otto Carl Friedrich von Schönburg-Waldenburg

im Werther-Kostüm, um 1790/95, Pastell, 64 x 56 cm, ehemals Schloss Lichtenstein, verschollen (Foto: SCHMIDT 1931, Taf. I)

31. Christian Leberecht Vogel: Brustbild des Otto Carl Friedrich von Schönburg-Waldenburg, um 1790/95, Pastell, 00 x 00 cm, ehemals Schloss Lichtenstein oder Waldenburg (SCHMIDT 1931, Taf. IV, S. 97)

32. Joshua Reynolds: Bildnis des Philosophen Edmund Burke, (wikimedia, gemeinfrei)

33. Julius von Leypold: Schloss Waldenburg vor dem Brande von 1848. Um 1835, Öl/Lw., 00x00 cm, ehemals Waldenburg, Schloss, Kriegsverlust (Foto: SCHMIDT 1931, Taf. III, S. 65)

34. Das alte Waldenburger Schloss vor dem Brande, Aufriss der Westansicht, Dresden, Staatsarchiv (Foto: dito)

35. Unbekannter Künstler: Zerstörung des Schlosses zu Waldenburg am 5. April 1848, nach 1848, Lithographie 14,5 x 18,0 cm, Privatbesitz (Foto: GHV, Vogel 2014, Nr. 163)

36. F. Heise: Schloss Waldenburg, 1856, Tonlithographie, 17,8 x 23,7 cm, (aus: G. A. Poenicke: Sächsische Schlösser, Burgen und Herrenhäuser, Leipzig 1856, Section IV: Erzgebirgischer Kreis, S. 205-206, Privatbesitz (Foto: GHV)

37. Willy Arnitz: Schloss Waldenburg i. Sa., 1916, Druck nach Federzeichnung, 22 x 28,2 cm, Privatbesitz (Foto: VOGEL 2014, S. 92)

38. Johann Gottlob Samuel Stamm nach Johann Christian Klengel: Grünfeld von der Abendseite, um 1795, kolorierte Radierung, 32,9 x 39 cm, Glauchau, Museum und Kunstsammlung Schloss Hinterglauchau (Foto: GHV)

39. Johann Bernhard Eichen: Waldenburg, Plan des Äußeren Parks von Greenfield in Waldenburg, 1787, (Foto Novak,: SLUB, Dt. Fotothek. 113 166)

40. Der Elisensee mit der Insel im Außenpark, Foto: GHV)

41. Der ehemalige Sauteich und heutige Gondelteich (Foto: GHV)

42. Das alte Manufakturgebäude ‚Alte Fabrik‘ von 1798 (Foto: GHV)

43. Steinerne Ruhebank im Außenpark, (Foto: GHV)

44. Unbekannter Künstler: Otto Victor I. Fürst von Schönburg-Waldenburg, um 1825/30, Öl/Lw., 00 x 00 cm, ehemals Schloss Waldenburg, Kriegsverlust (Foto: Hinterglauchau, Wetzel 2004, S. 140)

45. Das einstige Ökonomiegebäude und heutige Hotel und Restaurant „Grünfelder Schloss" (Foto: GHV)

46. Das Teehaus von 1844/46 im italienischen Landhausstil im Grünfelder Park (Foto: GHV 1.10.2018)

47. Porträtfoto der Prinzessin Sophie Helene Cecilie Fürstin von Albanien, geb. von Schönburg-Waldenburg (Foto: wikimedia, gemeinfrei)

48. Christian Gottlieb Geyser nach Christian Friedrich Schuricht: Entwurf zu einem Monument für Christian Ludwig von Hagedorn, 1780, aus: HIRSCHFELD 1779/1785, Bd. III, 1780, Taf. III.)

49. Der Porphyr-Brunnen am Teehaus zu Grünfeld (Foto: GHV)

50. Die Schienen der Muldentalbahn durchkreuzen den Weg zum Innenpark von Grünfeld (Foto: GHV)

51. „Der stillen Naturfreude" - Das Tor zum Innenpark (Foto: GHV)

52. Entwurf zu einem großen steinernen Gartentor, aus: HIRSCHFELD 1779/1785, Bd. III, 1780, S. 125)
53. Steinbrücke zur Insel mit dem Postament (Foto: GHV)
54. Kleine Brücke, die zugleich als Ruhesitz dienen kann, aus: HIRSCHFELD 1779/1785, Bd. III. 1780, S. 123)
55. Postament für die einstige gusseiserne Vase aus Lauchhammer-Eisenkunstguss, (Foto: GHV)
56. Johann Gottlob Samuel Stamm nach Johann Christian Klengel: Das Garten- und Badehaus im Park Grünfeld, um 1795, kolorierter Stich (aus: SCHMIDT 1931, Taf. VIII, S. 225)
57. Das Badehaus im Grünfelder Park, Ansichtskarte von 1907 (Foto: GHV)
58. Das Badehaus im Grünfelder Park, (Foto: GHV).
59. Amor in einer Quadriga über die Wolken fahrend, (Foto: GHV)
60. Amor, einen Hippokampos reitend (Foto: GHV)
61. Amor, von einem Taubenpaar über die Wolken gezogen (Foto: GHV)
62. Zwei Amoretten segeln über das Meer auf einem Floß und auf einem Fisch (Foto: GHV)
63. Amor in einem Kampfwagen von einem Löwen und einem Ziegenbock gezogen (Foto: GHV)
64. Ein nackter Mann entwendet einer Badenden das Badetuch, vermutlich Zeus und Hera vorstellend (Foto: GHV)
65. Bacchusknabe mit einem Weinlaubkranz auf einem Esel stehend, den er bekränzt, von seiner Ziehmutter Ino liebkost (Foto: GHV)
66. Amor, die Leyer schlagend, auf einem Löwen reitend (Foto: GHV)
67. Amor, die Leyer schlagend, auf einem Löwen reitend, nach einem antiken Relief (Foto: aus: Minckwitz 1856, S. 45).
68. Christian Gottlieb Geyser nach Christian Friedrich Schuricht: Entwurf zu einem Badehäuschen für einen „Sommergarten", Kupferstich, aus: HIRSCHFELD 1779/1785, hier Bd. IV, 1782, S. 154)
69. Christian Traugott Weinlig: Entwurf zu einem Pavillon, der dem Abend und der Freundschaft gewidmet ist, Kupferstich: aus: HIRSCHFELD 1779/1785, hier Bd. V, 1785, S. 21)
70. Blick in die Kuppel des Grünfelder Badehauses (Foto: GHV)
71. Der als Standesamt genutzte Innenraum des Grünfelder Standesamtes (Foto: GHV)
72. Sphinx im Park zu Grünfeld, Vorderansicht (Foto: GHV)
73. Sphinx im Park zu Grünfeld, Seitenansicht (Foto: GHV)
74. Der kleine Goldfischteich vor dem Badehaus (Foto: GHV)
75. Eingang zum Felsengang (Foto: GHV)
76. Felsenschlucht (Foto: GHV)
77. Grotte zum Ausweiden des Wildes (Foto: GHV)
78. Die am Felsenweg des Parks eingemeißelte Inschrift des Zutrittsverbots, (Foto: SCHMIDT 1931, S. 107)
79. Blick auf die heutige Freilichtbühne (Foto: GHV)
80. J. H. Ketzschau nach Wilhelm Wegner: Ansicht der Kirche von Oberwinkel,

1845, Lithographie, 11,7 x 17,8 cm, aus: SACHSENS KIRCHEN-GALERI-
EN 1845 (12) (Foto: GHV)

81. Christian Gottlieb Geyser nach Christian Friedrich Schuricht: Entwurf zu
einem Denkmal für den Dichter und Arzt Albrecht von Haller, Kupferstich,
aus: Hirschfeld 1779/85, Bd. III, 1780, S. 149

82. Denkmal des Erstgeborenen, Detail mit Inschriftentafel (Foto: GHV)

83. Rousseaus Hütte im Park von Ermenonville, Kupferstich, 1868, aus: JOU-
ANNE 1868 (Foto: THÜMMLER 2019, Abb. 89)

84. Zuschreibung an Jean-Baptiste Greuze: Porträt von René-Louis de Girardin
mit der Büste von Jean-Jacques Rousseau, nach 1776, Öl/Lw, Chaalis Abbey
(Foto: wikimedia gemeinfrei)

85. J. Mérigot: Der rustikale Tempel, Kupferstich, 1788, aus: Promenade ou itinéraire des jardins d' Ermenonville, Paris 1788, Pl. 12

86. J. Mérigot: Der Obelisk, Kupferstich, 1788, aus: Promenade ou itinéraire des
jardins d' Ermenonville, Paris 1788, Pl. 13

87. Die Hirschtränke oder Gesundheitsquelle (Foto: GHV)

88. Die Glänzelmühle im Grünfelder Park. Ansichtskarte von 1926. (Foto:
GHV)

89. Johann Gottlob Samuel Stamm nach Johann Christian Klengel: Das Dia-
nenbad im Grünfelder Park. Um 1795, kolorierte Radierung, 32,8 x 8,5 cm,
Glauchau, Museum und Kunstsammlungen Schloss Hinterglauchau, Inv.-
Nr. VK2/3457

90. Ideen zur Verzierung der Ständer an Teichen oder künstlichen Bassins am
Chinesischen Pavillon im Park zu „Schönhof", 1796, kolorierter Kupferstich, aus: GROHMANN 1796, Heft 8, Taf. VI.

91. Christian Gottlieb Geyser nach Christian Friedrich Schuricht: Entwurf
zu einem Denkmal für den Dichter Ewald von Kleist, aus: HIRSCHFELD
1779/1785, Bd. III 1780, Taf. IV.

92. Die Ansicht vom Triangular im Grünfelder Park, Ausschnitt aus: Johann
Gottlob Samuel Stamm nach Johann Christian Klengel: Das Haupttal des
Parkes Grünfeld bei Mondschein, um 1789/90, kolorierte Radierung, ehe-
mals Waldenburg, Schloss (Foto: SCHMIDT 1931, S. 103)

93. Triangular Lodge in Rushton/Northamptonshire, (Foto: wikimedia, gemeinfrei)

94. Mausoleum im Fürstlichen Park Grünfeld bei Waldenburg, Ansichtskarte,
ca. 1910 (Foto: GHV)

95. Mausoleum im Grünfelder Park. 2018 (Foto: GHV)

96. Der als Aussichtsturm genutzte Jagdturm im englisch-normannischem Stile
im Grünfelder Park., Foto um 1900 (Foto: Flemming o. J.)

97. Der Jagdturm im Grünfelder Park, (Foto: aus: STADT WALDENBURG
2004, S. 162)

98. Der Obelisk im Grünfelder Park (Foto: GHV)

99. Gasthof Grünfeld. Alte Ansichtskarte, ca. 1920 (?), Kunstanstalt Franz
Landgraf, Zwickau i. S. Nr. 5588

100. Otto Victor-Denkmal im Waldenburger Lustgarten, Alte Ansichtskarte
Gasthof Grünfeld, Alte Ansichtskarte, um 1910

101. Otto Moßdorf: Herrschaft Waldenburg. Entwurf zur Umgestaltung von Park Grünfeld, Juli 1923
102. Das neue „Gasthaus Grünfeld", Alte Ansichtskarte, ca. 1940, Kunstanstalt Franz Landgraf, Zwickai i. Sa., Nr. 11355

Taf. I   Johann Bernhard Eichen: Grundriss des Grünfelder Parks von 1795
Taf. II   Johann Bernhard Eichen: Gartenplan des Grünfelder Parks von 1818
Taf. III   Umzeichnung des Plans von 1813 (Repro nach: SCHMIDT 1931, S. 83)

Bereits im Donatus-Verlag erschienene Titel von Gerd-Helge Vogel:

Christian Leberecht Vogel und die Welt Arkadiens

Christian Leberecht Vogel (1759-1816) gehört in Sachsen neben Adam Friedrich Oeser (1717-1799) zu den Hauptvertretern des empfindsamen Klassizismus. Vor allem als Maler von Kinderbildern erwarb sich Vogel einen guten Ruf. Im Dienste des Grafen Friedrich Magnus I. zu Solms-Wildenfels (1743-1801) prägte er von 1780 bis 1804 dank zahlreicher Aufträge durch die Standesherrschaften des Zwickauer Muldenlandes wesentlich das künstlerische und kulturelle Profil dieser Region. Dazu gehörte die durch Johann Joachim Winckelmann (1717-1768) angeregte intensive Auseinandersetzung mit der Kunst und Kultur der Antike, die in Vogels Historienmalerei zugleich als Projektionsfläche der humanistischen Ideale und Utopie des aufgeklärten Absolutismus diente und deren gesellschaftliches Wunschbild in einer nach Glückseligkeit durch Erziehung zur Tugend strebenden Gemeinschaft gipfelte. Dabei spielten die durch die antike Götterwelt verkörperten Menschheitsutopien vom Goldenen Zeitalter oder vom Saturnischen Reich eine wichtige Rolle für die Themenfindung des künstlerischen Raumprogramms auf Schloss Wildenfels.

Der Autor durchleuchtet in dieser Abhandlung die komplexen Verflechtungen zwischen Vogels Malerei und den an den Höfen der westsächsischen Standesherrschaften gepflegten geistigen Idealen im Zeitalter der Empfindsamkeit.

Erschienen im Donatus-Verlag 2017
ISBN 978-3-946710-05-9, 19,95 €

Die Entstehung des ersten deutschen Seebades Doberan-Heiligendamm unter dem Baumeister Carl Theodor Severin (1763–1836)

1793 begann eine neue Ära der Badekultur: Herzog Friedrich Franz I. (1756-1837) badete in Heiligendamm in der Ostsee und initiierte damit eine rasante Entwicklung und Begeisterung für das Baden im Meerwasser. In Doberan-Heiligendamm ließ er nach englischem Vorbild das erste deutsche Seebad errichten, dessen architektonische Gestaltung maßgeblich durch den Architekten Carl Theodor Severin (1763-1836) geprägt wurde.

Er schuf einen mondänen Badeort in klassizistischer Gestalt und bettete den Ort harmonisch in die Küstengegend ein. Mit seiner schlichten und edlen Architektursprache hinterließ Severin ein Gesamtkunstwerk, das bis heute nichts an Faszination verloren hat und beispielgebend für die Entwicklung von europäischen Badeorten wurde. Erstmals wird hier sein Wirken in den Mittelpunkt gestellt und sein architektonisches Gesamtschaffen umfassend gewürdigt.

Erschienen im Donatus-Verlag 2018
ISBN 978-3-946710–17-2, 19,95 €

Cathai und Nippon im Garten oder auf der Suche nach Glück

Ostasien galt über viele Jahrhunderte als Projektionsfläche der europäischen Sehnsuchtskultur. Die Suche nach Glück ist eine der großen Triebkräfte des Menschen in seinem kulturellen Handeln. Aus der Misere der Gegenwart wird das Hoffen auf Besserung der Welt in einem Glücksverlangen oft auf ferne Zeiten und Räume projiziert. Mit der Kritik an der Wirklichkeit des Hier und Heute wird ein idealer Gegenentwurf geschaffen, der z. B. im Wunschbild „Wunderland Cathay" eine entsprechende Folie zur Verwirklichung in der Gartenkunst findet.

Beflügelnd wirkten dabei die zunehmenden Kenntnisse über die Welt Ostasiens, die seit den Zeiten Marco Polos über den Handel, Gesandtschaftsreisen und die Chinamissionen nach Europa gelangten und aufgrund der Berichte über weise Herrscher und luxuriöse Produkte die Länder China und Japan in den Augen der Europäer als Glücksländer erscheinen ließen.

Vor diesem Hintergrund entwickelte sich mit dem Trianon de porcelaine am französischen Hofe Ludwig XIV. eine europäische Chinabegeisterung, die von 1670 bis ca. 1820 über drei Phasen hinweg anhielt.

Es entstanden in nahezu allen Gärten Europas Nachahmungen chinoiser Bauten, in denen sich das exotische Wunschbild eines fernen Glückslandes manifestierte. Dabei spielte Sachsen vor allem unter der Herrschaft Augusts des Starken in der Ausprägung der Chinamode eine entscheidende Rolle in Europa.

Erschienen im Donatus-Verlag 2019
ISBN 978-3-946710-31-8, 19,95 €